創見文化，智慧的銳眼
www.book4u.com.tw www.silkbook.com

精準讀心

一眼識破の行為暗示心理學

亞洲八大名師首席 王晴天 /著

如何快速拉近人與人之間的距離

「這不是一個人的傳奇，而是傳全華人出版界之奇。」這是在認識王晴天先生後，我心中所浮現的感嘆之言，他對大千世界傾注了全部的熱情，並善於微觀這大而複雜的天地，樂於分享自己從生活中覓得的寶藏，以滿腔的情感為基底，將文字燃燒，只求再為世人多點上一盞明燈。

我與晴天兄相識於高中時期，當時的我們同在建中，一個充滿理想抱負及知識的地方，我們在那兒一起揮灑年少的青春與夢想。晴天兄是個如鬼才般的數理資優生，但他其實對文字創作更感興趣，在高二時毅然決然地順著自己的興趣走，選擇了文組就讀，連一向知之甚稔的我也倍感意外。猶記得當時是個物資匱乏的年代，儘管存在種種不利條件，晴天兄仍帶領團隊排除萬難，出版了象徵著建中精神的《涓流》與《建雛》等刊物，證明了人定確實可勝天。

大學畢業後，我倆皆選擇出國深造、各奔東西，身處美國東西兩岸，也因而斷了聯繫。所幸多年後，我在某次偶然的機緣下獲知他的近況，當年那難以捉摸的熱血青年，竟投身於文字海中，憑著一雙手、一枝筆還有他對出版的熱情，創業出版事業，將昔日的夢想親自實現，令我欽佩不已。

相信各位都明白，追求熱愛的興趣需要勇氣和行動力，但要放棄天賦異稟的才能需要的勇氣更甚；然而，尤為可貴者，晴天兄自理想與現實中取得了平衡點，將興趣、專長相輔相成。如今的他，不僅已是財經與教育界的權威，在非文學領域的創作，更佔有一席之地。

晴天兄不遺餘力地投入文字傳播，將文化創意結合自身所長的數理邏輯，因此字裡行間處處可見他那高人一等的理性思維，文中的觀點獨樹一格，卻又不流於標新立異。本書將教會您如何運用讀心之技巧，去塑造自己良好的形象，進一步攻下他人的心，快速拉近人與人之間的距離，獲得對方的信任與好感。

一本著作能有這般深度、廣度與效度，可謂知識傳播事業中又一場的華麗。晴天兄不懈於知識文化的耕耘，如此多元的學識背景，加之對世間人事物的關懷，令他筆下的詞藻猶如浴火鳳凰般直衝天際，在他雄偉抱負的感召之下，我們果然看到文字的力量，已為這個社會帶來全新的氣象。

永遠的建雛

沈冰

前言

助您開啟人心的大門

很多時候，再有力量的武器，也戰勝不了心理戰術，再有計畫的行動，也抵不過一句撼動人心的話語，人與人之間的心理博奕才最有殺傷力和說服力。因此，唯有掌握他人心理，通曉與人交往的讀心法，攻克對方的心，才算真正握有掌控全局的優勢。

每個人的生活、工作，都離不開與他人來往，但為什麼有些人在人際交往中如魚得水、左右逢源，有的人卻舉步維艱、進退維谷呢？原因就在於忽略了心理戰術的應用，學點心理策略，在洞悉人心的基礎上掌控人心，讀懂他人內心的想法，以解決社交上可能面臨的種種問題，就能改難為易，成為贏得人心、化被動為主動的社交高手。

熟知人際關係秘訣的人，他們能無聲無息地建立起對自己有利的人脈圈，無論是職場、生活、交友還是戀愛等，都可以不受阻礙地順著自己的心意走，正因為他們能敏銳地捕捉到他人的心理變化，既能表達自己的誠意，又能保護自己的利益，讓自身融於團體之中，不僅受到歡迎，又讓對手摸不透底細，不用害怕他人傷及自己，更能克服自身心理弱點，成為無堅不摧的強大之人，所謂內心強大者，才是真正的強大。

本書有幸能總結作者在心理學上的研究成果，將其精華分享予讀者，教我們如何透過解讀包裝後的話術及動作來分析心理，更利用潛意識的判讀，使我們能時時處於主動位置，具有優勢，順利贏得他人的信任，未來做任何事情都如虎添翼、無往不利，行於成功的道路上。

作者積極研究各種讓人在小如職場、大如人生的高度均能無往不利的人際方法，舉凡留下好印象，增加自我魅力、掌握相處之道、贏過競爭對手、增加客戶的信任，無一不是他結合自身、旁人和成功人士的經驗及心理學說而成。

儘管市面上與心理學相關、職場生存相關的書籍多如牛毛，但相信本書能讓讀者獲得嶄新的觀點，從洞察世事、朋友社交、職場社交、客戶應對等皆有深入介紹，以淺顯易懂但又哲理深厚的說明，一一向讀者解說、分析。

《孫子兵法》有云：「不戰而屈人之兵，善之善者也」、「攻城為下，攻心為上」，本書更以簡易實用的技巧取代晦澀難懂的專業術語，並搭配相關故事案例，讓讀者能在故事中感悟哲理，進一步在感悟中尋求真理，卸除他人心防，進而走入對方心房，洞悉一切心理，輕鬆利用攻心法掌握主動權，避免不必要的折損。

我們不可避免地必須和各種各樣的人打交道，這些人中，有朋友、有親人、有同事、有上司、有生意夥伴，同時也有對手和敵人，和他們打交道，可說是一場場「心理戰」，至於如何在「心理戰」中占據主動，實現自己的利益，便是我們每個人都要思考的問題，而本書便是每個渴望完善自我的人都要讀的書，受用無窮！

精準識人的好眼力：看清面具下的人心

外表中的性格展現：第一眼的觀察

跟誰來往都零距離：快速贏得信任

讓對方留下好印象：由你主動先攻

如何讓對方接受你：學會借勢使力

抓住機會攻心雙贏：化被動於主動

輕鬆討好各種對象：人見人愛的技巧

人人適用的攻心法：這樣做最有效

Lesson 1

精準識人的好眼力

看清面具下的人心

The Guide to Speed-reading People that No One Ever Said

I 讓你不再只是臆測人心

在工作或是生活當中，我們常會碰到這樣的情況……例如看到魔術師的精彩表演，即便想破頭還是不得其解；進行商業談判時，聽到對手那強而有力的說辭，自信馬上少了一半；面對客戶的討價還價，最後總心軟答應要求；跟陌生人初次見面，因為不了解對方所以找不到話說；赴重要的約會，不知道自己哪裡做錯，導致對方生氣……等等，這些都是因為我們不夠了解人心所造成。

日本有位治療師及催眠治療專家石井裕之老師，將讀心解釋為：「在對方事前毫無準備的情況下，讀取對方心理，並預測對方的過去、現在和未來，以取得對方的信任」。

以上述為基礎，筆者更擴大了所謂「讀心術」的守備範圍，將其定義成更廣義的「藉由話術、動作觀察、行事訣竅等方式，來看透對方或得到對方信任，是一套能讓我們事事順心的實用人際攻心技巧」。這套方法能幫助我們解讀對方說的話、分析他人當下的心理狀況，一一擊破，幫助我們去影響對方的行為與談話，使人事物的狀況能夠順我們的意走，達成我們的目的。

而正因為讀心術有這樣的效果，所以它成為某些深知其道的人經常利用的技巧，以達成他們期望的結果。

 你我都曾被讀取內心過

其實我們周遭都潛伏著很多讀心高手，他們藉由讀取他人的內心，進而掌控對方的行為，雖然那看起來像是出自於當事人的意願……也許你從未意識過這些人的存在，可你一定被讀取想法過，但與其說是「讀心者知道諮詢者的一切」，不如說是「讀心者讓諮詢者相信他所說的一切」。

例如，算命在台灣是普遍到不行的「活動」，走進捷運地下街，就有無數的算命老師準備向你洩漏天機，這已經是自然而然融入我們生活的特有文化，但只要仔細推敲，有些算命老師之所以「神準」，其實是算命者自己不小心洩漏出「天機」。

有些遭遇不順的人，捧著大把鈔票，端著自己的手掌去向算命老師「求救」，彷彿全世界只有他能拯救自己的過去和未來，殊不知這其實是一步步走進他為你「量身打造」的讀心圈套之中。

又好比魔術中的戲法在我們看來神乎其技，只能不斷讚嘆：「這真是太神奇了！」但懂得讀心的人一眼就識破魔術師的伎倆——那就是「透過誤導觀眾的注意力，讓觀眾照著他的命令行動，最後達到讓人吃驚不已的高超魔術效果」。所以，在展露魔法的這段時間，魔術師會時刻觀察觀眾的反應，技巧性地牽引他們進入布好的局，確保魔術順利完成。

再舉例，業務高手也是讀心高手，也許很多人會說：「業務員怎麼會跟讀心有關係呢？」此時你不妨想想，你買的東西是否真的都是因為你需要，所以才買？還是只是一時「失心瘋」呢？如果是後者，那你無疑是被攻心洗腦了。因為武功高強的業務高手最擅長的就是——「明知客戶不需要產品，卻能讓他掏出錢包買單」。

此外，每個社交紅人都懂得讀取對方的心，他們透過讀心、攻心，使其在生活上能有肝膽相照的好友；在工作上，小人不敢來找麻煩。透過技

巧，他們知道要如何成功搭訕一位陌生的朋友，即使對方拒絕，也不會對他產生絲毫壞印象。

攻心者隨處可見，上述列舉的只佔少數，此外還有談判高手、公關、面試官、狡猾的間諜……等等，他們都是善於讀心的人。所以，倘若我們了解攻心技巧，便能防止被某些居心不軌的人看透思想，進而保護自己。

是你的配合完成了攻心者的目的

在生活中，任何人都不可能毫無根據地「算準」和「說中」你的事（靈能力者的預言不在此列入討論），但你知道他們之所以對你的資訊有所了解，其實是因為你在無意間透露他們線索，不經意地完成了攻心者的期待。

有點難以相信嗎？能證明的例證可是多不勝數，看看新聞上層出不窮的詐騙案件就能明白！

想要成功讀取對方的心思，關鍵點必然是先讓對方相信你。我們要有一個認知，大部分的談話都是攻心者在說，由他扮演主動的角色，而被讀心者會在沒有準備的情況下，不自覺地證明攻心者做出的預測是對的，這是一件任誰都會覺得弔詭的事情。且在這過程中，攻心者不一定會說謊，因為談話內容大多是由讀心者單方面解讀，從他們心中衍生出來的。

在對方產生信任感之後，攻心者將藉由觀察，進一步判斷出對方的性格和心理狀態，或是先提出大量問題，讓被讀心者自行透露出更詳細的情報，使讀心者可以從中選擇有效問題，展開更深入的提問，放棄沒有效果的問題。反之，被讀心者只要有幾件事情被說中了，就會自然而然地把那些「不準」的小事拋之雲外了。

觀察和讀取心思是攻心重點

每個人的言談舉止間，有可能暴露出自己的想法和情緒，而能否觀察和捕捉到對方稍縱即逝的心理表現，讓攻心者得以用此作為入口，來窺探人際來往中的各種暗流，便是成功攻心的基礎。

當我們習得有效觀察和讀取他人心思的技巧後，我們自然而然就知道什麼時候該說什麼話，什麼狀況該做什麼事，以求達到我們的目的。只要不斷說中別人的心思，或不斷說出對方期待想聽的話時，這種時候，對方自然就會把你當成「麻吉」，也就更樂於配合我們的「要求」了。

1 注意臉部表情

當發現對方皺眉、不停眨眼睛，或是避開眼神接觸、沒有表情等情況時，就可以輕易判斷出這種表情的背後隱藏著什麼樣的情緒。說謊雖然可能瞞得過，但天生的本能反應是無法隱藏的。

2 注意肢體動作

當我們想要隱藏內心真實的情感時，就很容易出現一些不自然的動作。例如，緊張的人手會微微發抖、肢體動作變得僵硬；焦慮的人多半會不斷重複觸摸某些地方（如摸頭髮、咬指甲）；生氣的人動作有力，有時還會不自覺地握拳等。因此談話時，我們要注意對方是否突然改變動作，這代表他當下的心態可能有著些微改變。

3 注意說話方式

當然，情緒會透過說話方式顯露出來，即便是極度壓抑，語氣上也多少聽得出來，用詞上有時也會產生轉變。譬如人在心情好的時候，會比較愛說話，鬱悶的時候通常表現得沉默寡言，無動於衷，可見說話的速度和語調高低都會受到心情的影響而產生變化。

很多人會認為讀心就是「猜謎」、「猜測」，但讀心實則是「判斷」，你必須先認知「如何觀察」、「如何判斷」、「使其信任」，最後才是「如何引導」。

在日常生活中，你可能正在為改善各種人際關係而苦惱，但透過學習讀心技巧，我們便能增進人際關係，還能避免自己受騙。當然，最重要的是，攻心技巧可以讓我們在短時間內理解對方心思，與對方達成心靈上的共鳴，進而提高我們目的達成的成功率。

2 識破騙子們慣用的伎倆

人好好的為什麼會被騙呢？

筆者想，如果不是為了錢（如早期的金光黨和現今 ATM 扣款詐騙手法），就是和詐騙者聊得太投機（如網路男蟲女蟲），相信了對方說的話。除此之外，還有謊稱綁架家人，使受害者處於驚慌的情緒，而無法冷靜判斷，這也是利用情緒的波動，使其難以思考的手法。

無論是哪一種詐騙，這些詐騙者慣用的技倆就是先讓對方相信他說的話，再根據每個人的情況、個性，採取相異的應對方法。記住，「先取得對方的信任」是最大的原則，一旦你的目標對象不相信你，那後面的梗也不需要鋪了。

當然，本書不是教導大家如何去行騙，而是要讓讀者在日常生活中、工作中，更好地識別「各種騙子」的騙術，以防受騙吃虧。只要我們在人際關係中，多一分觀察力與警戒力，除了能避免被利用外，還能藉由這些技巧，使社交關係與待人處事都一帆風順。

善於滿足你我需求的騙子

每個人都有缺乏、想要的東西或渴望，例如：缺錢、缺乏肯定、想變漂亮、想與異性結交、想達成夢想、想被重視、想讓運氣變好等等，而這些正是人們被讀心的原因，是詐騙者優先考慮的著手點。

前面提過，騙子騙人的關鍵在於先贏得別人的信任，而贏得信任的關鍵是熟知每個人的內心需求，這才給了詐騙者可乘之機。

而所謂騙子的騙術，就是藉由提問來誘導對方說出心裡的話，或是引導對方說出他隱藏許久的心聲，藉此抓住受騙者的心。說好聽點，這和「站在別人的立場上思考」相似，只不過一般是站在別人的立場替別人著想，但騙子是出於「私心的利益」來考量。

那騙子到底是怎麼抓住我們的「需求」心態呢？來看看以下案例。

江湖術士：「你最近不太順利吧？」（先提出大範圍的詢問）

男人：「是啊……很不順。」

江湖術士：「和金錢有關？」（很多時候都是財務狀況造成）

男人：「你怎麼知道？我被倒會了。」（自己說出來）

江湖術士：「看得出來你在錢財上有著劫難。」（順著說）

男人：「我想知道我適不適合去大陸發展。」

江湖術士：「重新開始會比較好，但你必須要先將劫難化解掉，去大陸才能暢行無阻。」

男人：「要怎麼化解？」

江湖術士：「改運，改過就可以免除一些『金錢上的爭端』，未來投資也才會順利。」

男人：「只能先試試看了……」（達成目的）

上述對話中，江湖術士並沒有說出什麼絕對性的預言，只因為算命者的疑慮被說中了，所以深信對方知道自己的問題，於是就像被施了迷魂計，逐漸向他敞開心扉，乖乖聽從江湖術士的話。

在算命時，老師通常會請你伸出手掌，看所謂的愛情線、事業線等各種線，你在伸出手掌時，如果算命老師對你說：「你的愛情線很旺！」你會自然而然順著他的話講：「還好啦……我交過蠻多女朋友，但從來沒有像現在這個女孩這麼談得來的。」反之，倘若現實情況不如他所言，他又會換個講法，說：「不要擔心！根據掌紋，只要你繼續努力，很快就能終結單身，交到女朋友。」

於是你高興地掏出紅包給算命老師，感謝他的「吉祥話」。接下來，你果真照著他所說，遇到不錯的對象，沉浸在甜蜜的愛情中，使你對他說的話深信不疑，甚至推薦給朋友、同事去找他。

但其實，並非算命老師算得準，而是他說出你心中想說的話，幫你做出潛意識想要去做卻下定不了決心的事。當一個人的「自我心理」被滿足時，他就會較傾向於這個人，相信他所說的和所做的任何事，因而讓行騙者容易得手。

「信任」讓騙子有機可乘

騙子行騙的第一步是先贏得他人的信任，然後利用對方的信任來達到自己的目的，只要你越相信騙子，他能從你這裡騙取的東西就越多。所以那些高超騙子，並不是他們的行騙技巧真的很厲害，而是他們善於在行騙的過程中找到方法、找對方法，讓你對他深信不疑。

相信讀者們都曾在天橋、地下道裡看過行乞的人，當大家看到這景象時，內心多半會產生糾結，擔心施捨了，結果被騙；不施捨，又覺得自己是不是沒有愛心？

而我們之所以會出現這種心境，就是因為我們無法準確識別出對方的真假。筆者曾經聽過這樣的新聞。

記者在路邊拍攝一名趴在車站出入口行乞的流浪漢，只見那流浪漢面黃肌瘦，身體又有些缺陷，衣服破爛不堪，正前方放著一只破碗，趴在地上不斷磕頭。

記者問他：「你每天可以收到多少錢呢？」

流浪漢說：「不多，我的腿受傷不能動了，不能走路。」

「那你為什麼不找警察或其他機構幫忙？」記者接著問。

流浪漢沉默了一下子，眼淚流了下來，哽咽地說：「我的腿受傷了，找不到工作，沒有家人，我只能來這裡拜託大家給我飯吃。」他邊說邊不停地磕頭。圍觀的人看到這樣的畫面，都用同情的目光看著他，有些人甚至準備掏出錢包了。

這時候，巡邏的員警到了，一看到眼前的流浪漢就喊：「怎麼又是你啊？你這次是什麼狀況？」記者聽到這裡，不解地問員警：「他的腿不是受傷嗎？」

這時流浪漢突然跳起來，不以為意地說：「現在工作這麼難找，在這裡跪著好賺多了！」便一溜煙地跑走了，留下現場一臉錯愕的群眾。

流浪漢的演技何其精湛，向記者及圍觀民眾說他是殘疾人，且他不單是用嘴巴說，還搭配實際行動——「爬行」與「流眼淚」來證明他說的話。這舉動很容易讓人們相信眼前所看到的「事實」，從而相信他說的話；其次，流浪漢接著說出他的身家資訊，而那面黃肌瘦的外表、破爛不堪的衣服似乎也證實了他所說的話不假，人們相信了他說的話後不疑有他，因而願意掏出錢包，施捨一些零錢，這就是一般街道上最普遍的行騙伎倆。

1 說謊時，「我」不見了

人在說謊時，通常都會避免使用與自己有關的詞，例如：「我」。因為說謊者的心底會希望自己跟這件事情保持距離，以免扯上不必要的麻煩，進而被懷疑，這是心虛、緊張的表現。

如果對方在與你的談話之中，總是省略了第一人稱的「我」，那麼他說的話，你就需要再三斟酌了。

2 說的話跟臉部表情不符

如果一個人跟你說某個東西有多好、多棒，但說話的時候卻不敢正視你，或是表情僵硬，這時你就要提高警覺了，因為這些話可能並不是他心中真正的想法。

3 防受騙，不主動提供資訊

騙子的謊言都是經過排演或調查後編造出來的，他們通常會以詢問的方式，來「套」出對方的話。

但就算他們的騙術再怎麼完美，也會存有破綻。如果想要應付這種招數，就「不要輕易回答他們的問題」。

在日常生活中，當你跟別人，特別是陌生人談話時，最好對他們說的話持以存疑的態度，反覆斟酌，或是讓他們拿出有力的證據來證明。

此外，多觀察他們的表情是否不自然或異常鎮定，不主動透露出自己的情報，唯有如此，才能防止在無意中被套出情報，或是被誆騙。

3 算命仙真的鐵口直斷嗎？

人為什麼要算命，是因為他想更了解自己，想知道更多關於自己的事情，因為每個人最感興趣的人都是自己。他們找算命老師算命，並不是單純為了找人聊天（但也有人將算命老師當成心理諮商師），也不是為了排遣無聊的時間，而是他們想和算命老師討論關於自己的事，想知道該如何解決自己正在困擾的事，想知道未來的方向。

因此，你絕對不可能聽到一個人去找算命老師算命，是為了知道釣魚台究竟是誰的這種國家議題。

你的鼻子被算命仙牽著走

曾求助於算命的人都有過這樣的經驗，算命老師準確說出自己過去發生的事，或是曾經有過的感情問題，或者是未來想做的事等等，竟能料事如神地說中我們最想知道的事情上。於是算命者對他們佩服得五體投地，殷殷期盼著他們能指點迷津，給予一些建議，幫助自己走向更好的未來。

但事實上，真正說出你的想法的「鐵板神算」少之又少，他們之所以答得出來，因為你是在認為他們「很神」的前提下去尋找他們，不懂主動還急於「配合」他們，因而在無意中向他們透露出更多線索。

算命老師在很多時候是算不準的，因為每個人的個性都不同，不是每個人都會「配合」他們的步調，只是剛好在他說中幾點後，你便將那些「說對的事」記在心裡。看看以下的案例：

鐵板神算:「你現在走到一個雙岔路口，一邊是沒人走過的未知道路，一邊是很多人行走的一般道路，你會選擇哪一條呢？」

算命者：「很多人……沒人走過……」這些關鍵字在算命者的腦海裡飛快地旋轉，於是他陷入了算命老師的問題圈套當中。

鐵板神算：「你遇到過這種狀況……照你的個性來說，雖然想試試看沒人走過的路，但還是會害怕未來不可預見的事情，而維持現狀。」

算命者：「嗯……我好像真的會維持現狀……其實我正在猶豫要不要換工作。」

鐵板神算：「對吧，你就是那種害怕改變的人，所以你現在肯定對於該不該找另一份工作猶豫不決……」

算命老師一開始描述這個選項時，他拋出「雙岔路」這個關鍵字，試圖給算命者營造出一種「做選擇」的假象，但其實他什麼也沒說，那些情報都是算命者自己說出來的。因此，在算命的時候，老師說得準不準是其次，最大的重點在於算命者跟他是否有「配合」的默契。

讓算命仙無法算命的訣竅

算命老師在幫你算命的時候，如果你採取不配合的態度，就會使他陷入尷尬的境地，以不做出反應、也不配合，來成功阻礙算命師慣用的招數，讓他們感受到壓力。

在這種不知該如何接下去談話的情況下，算命老師可能會採取轉移話題的方法，提另一個讓你感興趣的話題，但我們要堅持自己的意見，讓他對目前的問題做出回答，解決完現在的問題，再去談別的問題。

心理學家羅伯特・費爾德曼經過多次實驗後得出一項結論：「當人們

在說話的時候，平均每 3 分鐘會說一句謊言」。有時候我們在與熟悉的人談話時，他們也會說出一些謊言，即便與對方再熟稔，我們可能也沒有發覺，所以更不用說那些擅長讀心技巧的算命老師，這也是為什麼算命老師能成功「解讀」我們，而我們往往也心甘情願地相信的緣故。

① 方法一：試著不做反應

不管算命仙說什麼，你都不要做任何反應，不管他說得正確與否，都不要點頭或搖頭。從頭到尾都要控制好自己的嘴巴與表情，不給予回覆，然後觀察他的反應。

② 方法二：讓對方先亮牌

如果他非要你做出回應的話，你就表明態度，告訴對方你的疑問，請他先說出推算的結果，然後再透露自己的事情，或表達你的想法。

③ 方法三：讓算命仙重複說明

算命老師的反應能很好地幫助你辯讀出他們是否在說謊。此外，不經意地讓他們重複先前說過的話，也能使其露出馬腳。假如他們在說謊，就很可能在複述先前的話時，前後內容不一致，或情緒突然變得不耐煩，暴躁地說：「我不是跟你說過了嗎？怎麼老問這個問題？」就可得知他的真假了。

當算命老師在算命的時候，只要能多學習一點識別的技巧，仔細觀察他們、多加分析，就很容易識別和揭穿他們的謊言；同時讓自己保持冷靜，不要隨著與他們的交談，而陷入他們的思維當中，如此我們就不會輕易被算命老師左右了。

曾有心理學家用一段籠統、幾乎適用於任何人的話，讓大學生判定是否適合自己，結果絕大多數都認為這段話將自己刻畫得細緻入微、正確至極。下面便是心理學家當時提出的話。

- **你很需要別人喜歡且尊重你。**
- **你有自我批判的傾向。**
- **你以自己能獨立思考而自豪，別人的建議假如沒有充分的證據你不會接受。**
- **你喜歡生活有些變化，厭惡被人限制。**
- **你有許多可以成為優勢的能力沒有發揮出來，相對也有一些缺點，不過你可以克服它們。**
- **你與異性交往有些困難，盡管外表上顯得從容，但內心其實焦慮不安。**
- **你認為在別人眼前過於坦率地表露自己是不明智的。**
- **你有時外向、親切、好交際，有時則內向、謹慎、緘默沉靜。**
- **你有些抱負往往很不現實。**
- **你有時懷疑自己所做的決定或所做的事是否正確。**

上述，只要稍加思考一下，你會發現其實這是一頂套在誰頭上都合適的帽子。有位名叫肖曼・巴納姆的著名雜技師，曾評價自己的表演，他說自己之所以很受歡迎，是因為他的表演節目包含了每個人都喜歡的要素，可謂「每一分鐘都有人上當受騙」。

人們很容易相信一個籠統的一般性人格描述，並認為它特別適合自己，準確地揭示了自己的人格特點，即使內容空洞。

有位心理學家給一群人進行明尼蘇達多相人格檢查表（MMPI）測驗，然後拿出兩份結果讓參加者判定哪份是自己的結果。參加者不知道這兩份結果中，有一份是自己的，另一份是將多數人的回答平均起來的結果，但沒想到參加者竟然認為後者更精準地描述出自己的人格特徵。

當人的情緒處於低落、失意時，對生活失去控制感，安全感也受到影響，一個缺乏安全感的人，心理的依靠性也大大增強，受暗示性就比平時更強了。況且那些算命老師本就善於揣摩人的內心感受，只要稍微理解求助者的感受，求助者便會感到安慰，那即便算命老師接下來再說無關痛癢的話，也會使求助者深信不疑，而心理學將這種情況稱為「巴納姆效應」。

4 還沒開口就掌握對方

不說不問，就能掌握對方心思，是指初次和對方見面的時候，在不了解對方的情況下，無須跟對方說話，只要透過觀察就能約略掌握住對方的情報。

不跟對方說話就掌握對方資訊的方法有很多，這些方法包括觀察對方的表情、姿態，甚至是對方說話時的動作等，經由這些細節來分辨出對方屬於哪一類型的人。

反面來說，了解這種讀心技巧不僅可以隱藏自己的情緒，防止被他人讀取想法，還能在最短的時間內了解對方所想，使對方與你相處融洽，進而達到你的目的。

從臉部表情看穿對方內心

臉部表情能直接暴露出人的情感。當我們見到一個人的時候，最先注意到的就是這個人的臉部表情，其次是這個人的身體。臉部和身體可以說是一個人肢體語言表達最多的地方，也最能直接呈現出一個人內心真實的情感。

所以，若你想要靠不說不問便洞悉對方內心的想法，就要多注意、觀察對方細部的表現，加以辨讀出潛藏的意義。

臉部表情是指透過眼睛動作、臉部表情和嘴巴動作的變化來表現出情緒，尤其是在沒有和對方進行實際的言語交談時，臉上的表情就有著重要作用，很多畫家和雕刻家都會透過作品裡主角的臉部表情，來表現出自己內心的糾葛或情緒，由此可知這是最直接、明顯的方式。

此外，當人們想恐嚇對方的時候，往往會不自覺地收縮嘴巴附近的肌肉，下嘴唇變得較為僵硬，將下排牙齒露出來，呈現凶狠表情，以此來警告對方如果無法達成協議，那他將會以其人之道還治其人之身。

當人們非常開心的時候，會做出露齒大笑、嘴角和眼角都稍微向上彎起的表情，就像個孩子一樣。當人們做出這種表情時，代表他的開心是發自內心，也向你表明了，他是真誠與你來往的；反之，當人們緊張或焦慮的時候，就會出現顴骨僵硬、嘴角往下、眼睛無神的表情。

人類的表情千變萬化，想要不開口就知道對方的心思時，我們可以透過表情，知道對方的壓力或恐懼有多大，但別忘了要先培養耐心和敏銳的觀察力才行。

由姿態看穿對方內心

肢體動作與臉部表情相比，能更直接反映出他的內心，因為人們在說話的時候，會不自覺地將大部分的注意力放在臉部表情，忽視肢體動作所透露出的資訊。

心理學家經研究指出，一個人無論是站著還是坐著，雙腳動作一丁點的改變，都會真實反映出這個人內心真正的想法，只要我們能意識到這一點，就可以輕易判斷出對方所說的話是否正確。

一個人的姿勢可以透露出他的個性，例如站姿。如果一個人站得筆直，不會左右搖擺，那說明這個人相當有自信，較有魄力；如果站立時喜歡把全身的重量集中到一隻腳上，則說明這個人的責任感很強；而喜歡雙手交叉抱胸站立的人較謹慎，對外界的防範意識較強。

不同的姿態不僅能反映出他人的性格，還可以反映出他們此時心理的狀態。例如，把頭高高地抬起，同時下巴抬高，做出這種姿態的人表現出的通常是強勢、不屑與傲慢的態度；如果對方做出把頭歪向一側的姿勢，則表明他對你說的話感興趣，並同意你的觀點。因為做出這種姿勢，會讓人顯得較弱小、不具攻擊性；而壓低下巴則意味著否定、反對和有疑問，做出這種姿勢的人通常會給出反面意見，帶來一連串不必要的麻煩。

此外，低頭聳肩的動作則是人們為了降低自己的地位，而採取的一種姿勢，當我們從很多人的地方經過時，為了不打擾別人，通常也會做出這種動作。另外，當下屬靠近上司的時候，也會出現這種姿勢，盡可能地淡化自己。我們再來看看還有哪些動作吧！

① 說話時，以手掩嘴

說話時以手掩嘴的人一般性格內向、較為保守。當他們表現出這種動作時，說明他們並非完全信任對方，也不想在對方面前暴露過多。

此外，人們在說謊的時候，也會做出這樣的動作，所以我們可以透過觀察這些無意識的動作，來得知對方企圖掩蓋自己剛才說的話。人們在犯錯時，也會用這種動作來掩飾。

② 說話時，托著下巴

這類型的人做事認真專注、個性文靜，有自己的思考方式，不會盲目地隨波逐流。

如果你在跟人談話或發表意見的時候，對方身體前傾，托著下巴，代表他們正一邊聽你說話，一邊思考問題，這是對談話內容感興趣的表現，你必須抓好機會。

但如果談話內容又臭又長又無聊，他們長時間保持這個姿勢，久了也會覺得昏昏欲睡。為了避免這種尷尬的情況，你可以在談話的過程中透過「提問」，讓他們回答你的問題；或不時地讓他們說出自己的觀點，對內容提出一些意見，藉此讓他們保持清醒。

❸ 說話時，用指尖掏耳朵

當你談話很進入狀況時，看到對方把小指伸進耳裡掏耳朵，你一定會覺得不舒服，這是一種不尊重的表現，同時也代表他對你的談話內容不感興趣，因而出現這種動作，將注意力放回自己身上。

碰到這種時候，你要停下來問他們：「你覺得怎麼樣呢？」如果對方是你的上司，你必須盡快轉移話題，將發言權還給上司。

一個人的表情和姿態會隨時隨地產生改變，因此，我們若想得出正確的判斷，就要結合一個人平常的動作習慣，以及當時的場合來做出合理評斷，那才有準確度。

5 如何找出對方的防禦底線

懂得讀心術的人不一定是社交高手，但社交高手一定懂得攻心，並善於利用它達成目的。

藉由觀察及引導，恰當且靈活地達到攻心的效果，可以讓我們在人際關係中更加活躍，能在家庭中，處理好與家人之間的關係；能在生活中，處理好與朋友、同學、鄰居之間的關係；更在職場中，處理好與上司、同事之間的關係，讓你做任何事都得心應手、毫無阻礙。

攻心高手善於開場

台灣有 2,300 萬人口，更不用提我們生活的這個地球村，已經突破 70 億人口大關，全世界的人那麼多，但你的社交圈卻很有限，對人脈的拓展來說，不是一件很可惜的事嗎？

那要如何才能在有限的社交圈裡交到更多的朋友呢？這得靠我們多與陌生人進行交談，使陌生的關係轉化為熟悉的關係，甚至是摯友關係。

世界上的人那麼多，一樣米養百種人，性格各不相同，要如何跟個性不同的他們進行開場呢？攻心高手深諳其中道理，他們常會讓陌生人感受到一種「我和你一樣」的感覺，既能從另一面了解別人的喜好，又給人一種非刻意的巧合感，因而能順利拉近彼此的距離，從陌生變得熟悉。

當你主動跟別人說話時，問候不一定要慎重其事，但一定要真誠、充滿熱情。在跟對方說第一句話時，要真誠地問候，還可以直接告訴他你希望、想認識他。說完這些之後，不需要等對方回答是否願意跟你當朋友，你可以接著告訴對方你所從事的工作，大方地將自己呈現在他的面前，還能讓話題的深度更進一步。

當然，攻心高手還會利用對方的職業、個性和環境，隨機應變地去和陌生人談話。

例如開玩笑地跟服務生說：「你是不是有什麼話想說？！因為你一直在我旁邊走來走去。」對方會覺得你很親切，而跟你攀談起來。總之，如果對方願意，那接下來你就隨機發揮吧。

在主動與陌生人談話的過程當中，若想以最快的速度和對方建立起關係，並引導之後的話題，這會是一個重要的開端。

找到共通點，更好攻心

我們說，人與人之間的往來，不是攻心高手一個人就能獨立完成的，還需要被攻心者的「配合」才能成功，只有先激發出對方的興趣，才能達到最好的效果。

而要達到最好的效果，需要雙方互動起來，且不僅在來往之中迎合對方的喜好，還要找出雙方的共通點。

你可以先觀察對方，透過一個人的打扮、動作、說話方式等等，大致判斷出這個人的個性和喜好，這可以反映出一個人的內心所想。

其次是說話試探他，藉此來找到彼此的共通點。你可以透過跟對方打招呼，聽對方的語氣判斷出此時他的心情如何；你可以透過詢問，了解對方的職業等私人資訊；也可以在對方需要幫助的時候，主動伸出援手、跟他聊天，藉此了解對方的個性，找出彼此的共通點。

接著，逐步加深談話的深度，延伸話題的範圍。因為有時候透過簡單的打招呼和初步的交談，無法有效找出彼此的共通點。

像這種時候，我們可以適當地改變話題，再次深入談話，「拓寬」談話內容的範圍，以找出雙方更多的共通點為主。

辨別出對方的防禦底線

人都是有警戒心的，我們都有著所謂的「防禦界線」。只要仔細觀察就會發現，當有人和你並肩行走時，若對方走在你的某一側，你會覺得放鬆；但走到相反的另一側時，卻會覺得不自在，提高警覺，甚至不由自主地出現「擠」對方的舉動。

也就是說，每個人都有著自己的防禦界線，有的可能在左邊，有的則在右邊，只要選對方向，這個人就會比較容易向你敞開心門。

怎麼說呢？最簡單的判別法就是，你可以選擇對方沒有拿包包或拿物品的那一側靠近，這是多數攻心高手都知道的小秘訣，沒有拿物品的那一側，大多是「非警戒區域」。

像這樣的小招數，你也可以用在處理男女關係上，或是運用在商品銷售、人際往來中。因為人們常不自覺地將包包背在自己的防禦界線那一側，好似形成一道牆，藉此來保護自己，而人們防禦界線的那一邊通常較敏銳，能靈活做出反應。所以，在接近一個人的時候，要從他沒有拿包包或物品的那一側靠近，相對較容易「搭訕」成功。

跨越界線後的手提包秘密

手提包不僅具有承裝物品的功能，也是因應不同場合用以搭配服飾的配件，更重要的是，它能向外界傳遞出某種自我形象。

舉例來說，多數人看到一個人提著做工精細的公事包時，經驗會告訴我們：這個人若不是事業有成的成功人士，就是某領域中的菁英。

說明人們可以藉由手提包來營造個人形象，而手提包的容量大小、材質、款式、花色，無一不是彰顯個人的生活品味、社經地位與性情偏好。

因此我們能從他人對手提包的選用偏好，解析出眼前這個人的性格密碼。就來看看各類型手提包所隱含的意思吧！

① 上班的公事包

一般而言，公事包的設計會考量到能否完整收納文書資料或商務用品，因此選用公事包的人大多是基於工作上的需要，而這多少也反映出他們行事謹慎的特點。

在工作上，這類型的人做事十分細心嚴謹，不允許自己因一時大意而犯錯，對自我的工作要求也很高，所以就算他們本身並非是不苟言笑的人，卻仍會給人一種嚴厲、難以親近的印象。

② 休閒包包

偏好選用休閒款手提包的人，多半嚮往自由愜意的生活模式，他們看似隨遇而安，凡事不過度苛求自己，但在工作事務上卻保有強烈的進取心，而其追求享受人生、樂在工作的態度，也讓他們善於安排自己的工作與生活計畫。

換言之，為了讓自己的工作與生活維持高品質，他們會積極構思「勞逸結合」的好方法，以期在輕鬆愉快的氣氛下完成分內的事。

③ 外型亮眼的包包

有些人喜歡選用外型搶眼、令人過目難忘的包包，也許是風格少見，也許是花色大膽搶眼，這類型的人通常具有獨特的思考方式，對人事物的看法與見解往往獨樹一格，而且他們不介意讓他人知道自己有多麼與眾不同，不在意他人的眼光。

在工作上，他們勇於冒險，不喜歡受到束縛與限制，也很有膽識與魄力，只是有時會給人標新立異、我行我素的觀感。

④ 大型包包

偏好大型包包的人，多半具有豁達灑脫的人格特質，因此在人際關係上，他們很容易與人建立互動關係。

只是這類型的人雖然好相處，但在工作上，由於他們自由自在、不受拘束的性情，加上行事不夠謹慎細膩，有時會顯得較為欠缺工作責任感，甚至留下一種散漫、不夠積極的印象。

當他們必須與工作嚴謹的人共事時，那「無所謂」的態度並不會改變多少，讓對方認為彼此難以配合。

⑤ 多口袋式包包

手提袋、包包的基本功能是用來承裝物品，而偏好多口袋式包包，把物品擺放整齊的人，通常具有注重規律、講求原則的特質，且他們的自信心極強，進取心旺盛，善於待人接物。

在工作事物上，這類型的人絕對是認真可靠的工作夥伴，尤其清晰的思維與優秀的組織能力，讓他們鮮少做出錯誤的決定，但在某些時候，注重規律的優點也使得他們較不懂得靈活變通，容易拘泥於細節。

6 不帶包包出門

習慣不帶包包的人，通常具有強烈的自主意識，他們渴望獨立，不喜歡負擔，經常認為外出帶包包只會徒增行動上的不便。

當這反映在工作事務與生活態度上時，容易造成他們欠缺責任感，不願輕易做出承諾。對他們來說，為任何人事物承擔責任，不是一件輕鬆愉快的事。

包包固然是整體服飾中的一個小配件，但個人選用的偏好與標準，卻大大反映出使用者的性格與心理狀態。

儘管包包的種類繁多，各種材質、外型、配件、花色圖案讓人眼花撩亂，但其對外傳遞的個人形象，以及背後所隱含的性格訊息，仍能在我們的細心觀察下悄然顯現出真面目。

當然，這也意味著挑選包包時，應以彰顯自己的個性優點、呼應自己的服飾裝扮為首要考量，如此不僅能為個人形象加分，也可讓人留下良好的印象。只有先找出對方的防禦界線，再藉由掌握好與人交談的方向，並找出彼此的共通點，才能提高我們攻心成功的機率，減少失敗的次數，也才更能意氣風發地悠遊在人際關係當中。

6 把沒說中的事變說中的技巧

其實，攻心者並不是每句話都能料中，也不是每句話都能說得準，他們說的往往是一些概括、籠統的話，所以對大多數的人來說是通用的。主要還是因為被讀心者受到「影響」和「引導」，自己鑽進籠子裡對號入座，才會認為說的就是自己。

此外，攻心者還會活用一種技巧，那就是無論一開始他說中與否，到最後，攻心者都會把彼此之間的談話內容，自然而然地朝著他設定的方向發展，因而能給人他總是說中的感覺。

其實，攻心者把沒說中變成說中的目的就是：贏得你的信任，達到他的目的。他越是能得到你的信任，你「被騙」的機會就越大；他越是得到你的配合，他就越能輕鬆自如地達成目的。

要說，就說「大範圍話題」

「大範圍話題」如字面意思，是對於大多數人都通用的話題，這些話題涵蓋的範圍非常廣泛，對每個人都適用。

攻心者在聊這些話題的時候，往往能把將思考方向引導到這些話題當中，讓你認為他每次都能說進心坎兒裡，對他深感佩服。

大範圍話題放在每個人身上都通用，不論男女老少、士農工商，運用在什麼事上說起來似乎都是對的，無論是談感情、談工作、談生活經歷。

大體來說，大範圍話題的內容會是「一個人從小到大一般都會經歷過的事件」。當你開啟一個大範圍話題時，為了達到更好的效果，我們會根據交談對象的外表、氣質、年齡、性別等靈活變化。

例如老年人一般較關心兒女、孫子，因此對兒孫話題較感興趣，所以在面對老年人時，你可以這樣說：「您的兒子（女兒）現在這麼有成就，小時候一定是個聰明又好養的孩子吧？」

又例如，中年人比較注重家庭，面對他們的時候就可以這樣說：「您的家庭很美滿，但偶爾還是會吵架冷戰吧？」當你和陌生人初次交談時，可以根據他們的情況來應變，使談話繼續下去，進而讓對方覺得你都說中了，似乎很了解他，想法與他契合，進而逐漸與你熟稔起來。

使沒說中變成說中的談話技巧

在攻心術中有一種說話技巧，就是採用問句提問，不管你說中與否，最後你都可以解釋為你說中了。

當我們試圖了解對方，卻又不知道對方是什麼樣的人時，你可以用提問來作為開場白，倘若對方對你所說的話覺得有所矛盾，不同意你的觀點時，他們會自行解釋或說明。如此，他們就陷入了你設計的大範圍話題的圈套當中，這樣你只需要起一個頭，對方便會自己開始補充。

你在跟一個人說話之前，或許已經了解他的一些事情，也可能你對他的事情一概不知，所以不知道該從何說起。這時你就可以應用大範圍話題，帶出你的主要談話內容，提高命中率，使你跟對方順利「變熟」。

例如，你在剛開始和對方交談時可以這樣說，這又分成「說中」與「沒有說中」的兩種情況。如下表示：

1 說中的情況

榮恩：「有人說過妳很可愛嗎？」

妙麗：「嗯……有啊，雖然不太好意思，但是我還蠻常被稱讚的。」

榮恩：「我一看就知道妳是個受歡迎的人。」

妙麗：「真的嗎？怎麼看啊？」（拉近距離，變熟悉）

榮恩：「因為妳很喜歡笑，又很活潑……」

2 沒有說中的情況

榮恩：「有人說過妳很可愛嗎？」

妙麗：「啊？好像沒有耶，我不是很活潑的人。」

榮恩：「我是說，妳雖然是內向文靜的人，但其實妳對熟人很熱情，這種反差感讓人覺得妳很可愛。」（不活潑表示文靜）

妙麗：「喔……這樣啊，我朋友有什麼事情總會找我幫忙倒是真的。」

利用問句提問，可以讓你與對方更快地建立起信任關係，從而獲得更多有關對方的情報，這不僅可以用在生活中，還可以用在職場上的談判。例如，想完成工作任務，在和別人交談的時候可以這樣說：

安迪：「張經理，好久不見，最近為了新產品的宣傳肯定很忙吧？」

張經理：「是啊，我們正緊鑼密鼓地進行呢，不僅要幫忙宣傳新產品，還需要再多找些人手來。」

安迪：「這樣啊，您真是辛苦啊！剛好我們公司有人力派遣的業務，您看是不是有機會合作，幫您減輕一點負擔，替您找人呢？」

張經理：「嗯，這倒是好方法，那我就可以省下很多時間了。你再找我的助理談一下這件事吧！」

當然，想提高成功的機率，就需要多下點工夫，知己知彼，才能百戰不殆。如果你想在工作上運用這樣的技巧，就需要先將對方的工作中，舉凡對你有利的事件，以及對方最近的動作為何都了解清楚，如此才能幫助你輕鬆掌握主導權。

用問句將「要詢問的話」說出來，對方不會覺得我們沒有說中，反而想說我們怎麼每次都說中，如此就能創造出每次都能說對的情節，在對方心中留下你是一個很懂他的人、和他有很多相似之處的印象，這樣一來你們的關係便會逐漸超越一面之緣，迅速升溫。

從對方偏好的話題分析他

言語交談是了解他人最快速的方式，在工作職場上，除了工作事務的交涉外，同事之間也會談論一些日常話題。

但對不少人來說，如何與同事相談甚歡卻是困難重重，因為同樣一句話聽在不同人的耳裡，往往會有不同的解讀，有時說者無心，聽者卻有意，進而衍生不必要的誤解與不快。

事實上，若要避免這類交談誤解的方法，就是摸索、了解對方的性格特質與好惡，從對方平日偏愛談論的話題內容，就可推測出對方的內在性格與思維模式，只要掌握對方的個性，就不必再費心揣測對方的對話真意了。讓我們來分析看看，大家都聊些什麼話題：

1 經常以「自己」為主題

與人閒談時，偏好以自我閱歷、自身經驗、個人觀點為談話主題，以

「自己」為焦點的人，多半性格外向、情感強烈、好惡分明，且具有顯著的自我表現欲與主觀意識，這也使得他們較易沉浸於「自我感覺」，忽視實際情況與他人感受。

在待人接物上，由於這類型的人容易以自我為中心，看待人事物的觀點也易流於主觀，因此與人閒談時，經常會讓自己成為話題焦點。當這反映在工作與人際關係上時，也凸顯出他們凡事會以自身利益為優先考量的傾向。

與此相反，與人閒談時，幾乎不論及自己的人，多半性格內向保守，自我保護欲強。當然，有時他們很少談論自己是出於害羞或自卑心理，但也有些人會藉由聆聽來深入了解他人。

2 經常提起自己的昔日成就

常言道：「好漢不提當年勇。」但有些人卻偏好在閒談時，不斷提起自己過往的成就，這類型的人內心多半對現況有所不滿，或是無法適應當前的環境變化，因此會藉由追憶往事宣洩情緒，希望從中獲得安慰。

儘管有時他們的用語十分溫和，但不斷提及過往的言行，容易讓他人覺得他們喜好吹噓自己、說話誇大不實，久而久之，人們對他留下脫離現實與不切實際的印象也會因此加深。

3 喜歡談論別人隱私

與人閒談時，喜好談論他人私事、探聽他人隱私的人，多半具有強烈的支配心理，他們經常對外界的人事物說長論短、大肆評論，即便他們可能與該事件毫無關係，卻仍會不由自主地大發議論。

再加上這類型的人有著刺探他人隱私的習慣，使得他們的人際關係普遍不佳，因此這類型的人知心朋友很少，內心也較容易感到寂寞。

4 經常談論未來計畫

有些人在與人閒聊時，總會有意無意地提及自己的未來計畫，無論是內心嚮往的生活、未來預計的工作發展等，都是他們偏好談及的聊天內容。

這類型的人多半想像力豐富，而其中具備行動力與耐力的人，就會採取行動，努力將計畫付諸實行，但有些人只會停留在口頭說說的階段，無法真正落實計畫。

5 喜歡談論八卦消息

與人閒談時，偏好談論小道消息的人，多半是藉此吸引他人的注意力，即便這些消息多數未經證實，但他們仍會說得煞有其事，甚至直說或暗示他人這些是他們透過管道得知的「內幕消息」。

這類型的人通常具有強烈的自我表現欲與虛榮心，而大方談論小道消息，有時未必是出自懷有惡意的動機，只是希望讓別人覺得他具有某些影響力，但這類散播小道消息的行徑，很容易招致他人的反感。

6 總是附和他人的話題

閒談時，有些人經常會附和他人的談論話題，甚少自己主導討論某些話題，這類型的人多半性情寬厚，善於體諒他人，必須提出個人看法時，他們也會盡量保持言辭的一致性，不會人前說一套，私下又說一套。

7 喜歡談論他人的過失

習慣在閒談時檢討他人缺點、指責他人過失的人，多半是希望藉此證明自己比他人優秀，故而會採取這種對比方式來滿足自我表現欲。

相反的，有些人不會公開指正他人，甚至會當面奉承、讚美對方，但私下卻極盡所能地詆毀對方，這類型的人多半口蜜腹劍，在職場上極度虛偽。

簡言之，在人際交談的過程中，說話者雖然不是直接表明自己的想法，但隨著對話的進行，說話者必然會在有意無意間，經由談論內容透露出自身個性，因此善於聆聽他人的話語，解析他人話語之後的真意，將有助於我們在與人交談時，投其性情之所好，避其性情之所惡。

當然，在生活上、在職場上，有些人的性情可能令人不敢恭維，或是偏好談論的主題令人難以融入或接受，但與其和他們交惡，不如保持適當距離，明哲保身。

7 你就是一台測謊機

讀取人心並沒有你想像中的那麼神秘、那麼困難，也不需要整天拿著書深入研究，只要我們掌握住幾種觀察技巧，就能搞定各種複雜的人際關係。

此篇要教導讀者朋友們如何看出對方是否正在對你說謊。看出對方心思的方法很多，如前篇所述，有不用說話的；有從外表和情緒分辨的；也有跟對方交談，透過對方動作來猜出心思的；還有利用談話技巧來套出對方情報的。方法很多，端看讀者朋友熟悉哪一種了。

他在對我說謊嗎？

誠實是種美德，但在日常生活與工作職場當中，謊言仍普遍存在，每個人都或多或少有遇過撒謊者的經驗，我們也難免會有說謊的時候，且善意的謊言有時還更為人所默許。

然而，這也凸顯出一種矛盾，既然說謊是不對的行為，又為什麼出於善意的謊言較容易獲得諒解呢？

針對這個現象，心理學家提出一種思考方向：正確解讀說謊的表現，無疑將帶給人們更有效益的幫助。

事實上，說謊行為的背後均隱含著諸多訊息，但在解讀這些訊息之前，人們必須先識別出他人是否真的說了謊。

依據行為心理學的研究發現，當人們說謊時，由於心虛或懷有罪惡感，往往會不自覺地以肢體語言掩飾，這意味著透過觀察他人的肢體語言，可以判斷出對方是正在撒謊，還是言不由衷，是我們可以利用的一大特點。

另一種力量：潛意識更有效

即便對方在說謊，但如果你能在和對方交談時，不知不覺地掌控對方，將自己的觀點植入對方心中，妥善運用潛意識，那效果會更好。

我們通常會對眼睛看得見的東西比較敏感，像衣服、食物之類的能反覆檢查，不斷確認品質，但對看不見、摸不著的東西，諸如資訊、情報等反應遲鈍，幾乎不設防，不知不覺就全盤接受了，相當奇妙。

這就是我們的潛意識在作怪，有時會讓我們沒有意識地接受自己其實並不認可的東西。

例如在面試的時候，雖然事先做過心理建設，讓自己不那麼緊張，即便未雀屏中選也沒什麼，但在實際面試的過程中，還是會不由自主地緊張不已，而這與我們內心想法相悖的「另一種力量」就是潛意識。潛意識擁有強大的力量，多數人總不自覺地輸給潛意識卻渾然不覺；那些寥寥無幾的成功者，都是戰勝了潛意識的人。

因此可以說，無論是學會判別對方是否說謊，還是利用潛意識來影響他人的想法，只要能應用在商場談判或是社交關係當中，都能讓對方相信你，進而對你留下好的印象。

或是最重要的，使他「接受你的觀點」，這些都比用「找藉口」來讓對方接受有更好的效果。

① 搓揉眼睛

與人交談時，目光的焦點與視線的移動狀態，將反映出對談話內容的關注度與理解度，一個人在說謊時，會避免與他人的視線接觸，繼而伴隨著眼神飄忽不定、視線頻頻轉移、搓揉眼睛的行為表現。

此外，有些人說謊時也會有搓揉耳朵、拉耳朵的肢體動作。

② 輕摸鼻子

一般人觸摸鼻子時，多半是以手摩擦或搔抓鼻子，但說謊者出於企圖掩飾謊言的心理，往往會無意識地輕摸鼻子，然後快速將手放下。

因此對話過程中，當對方出現觸摸鼻子的動作時，就可以藉由他觸摸的方式、停留的時間予以觀察。

③ 搔抓臉部或頸部

根據生理實驗證實，人們在說謊時，臉部或頸部的周圍組織會有一定程度的刺痛感，因此說謊者會用手搔抓或搓揉，以舒緩不適感。

尤其當說謊者認為自己受到質疑時，緊張又心虛的心情使得他們較容易冒汗，有些人甚至會不自覺地拉扯衣領。

④ 以手掩嘴

在交談過程中，若對方經常以手掩嘴，表示對方極有可能是言不由衷，或一再說出違心之論。

就行為心理學的角度來看，當一個人說謊時，大腦的潛意識會對撒謊這件事產生罪惡感，因此出現以手掩嘴的動作，這動作背後隱藏的訊息，正是說謊者內心在控制自己不要不小心將謊言脫口而出。

同時，也有些人會假裝咳嗽來掩飾自身說謊的動機，希望藉此分散他人的注意力。

5 晃動頭部

晃動頭部的肢體語言，多半是表達驚訝之意，例如得知一件不可思議或非比尋常的事情時，就會有晃動頭部的動作。

在某些情況下，當說謊者內心否定卻又要克制搖頭的衝動時，也會出現晃動頭部的動作。

6 頻頻變換坐姿

當雙方交談時，如果對方的神情極不自然，又頻頻變換坐姿，代表對方極有可能是因為說謊、隱瞞實情而感到坐立不安。

同時，對方的雙腳腳踝若相互交疊，意味著他處於緊張、惶恐的情緒狀態，存有刻意壓抑想離開現場的意圖。

7 異常多話或說話速度加快

當說謊者口說謊言或企圖隱瞞事情時，為了避免被人識破，會不自覺地比平時聒噪多話，這是因為他們試圖藉由許多不相干的訊息，來分散他人的注意力。

有些人則是因為希望盡快結束對談，而加快說話速度，甚至連說話的音調也會隨之拉高。值得一提的是，在某些情況下，說謊者會害怕自己說得越多，反而露出越多破綻，因此傾向簡短回覆問題，不願多做說明，我們必須從多方面來判斷。

根據心理學研究報告指出，說謊是人們生活中常見的現象，但沒有人喜歡被人欺騙的感覺，所以當我們要判別他人是否說謊時，也別忘了理解對方說謊的原因，因為有時單就表象上的事件，未必能反映出全部的事實。

換言之，洞察人心時應以多種角度去審視人心，並非以單一的狹隘思維來解讀，唯有善於體察他人在群體與環境中的行為表現，才能真正提高識人的準確度。

其實，攻心並沒有什麼特別神秘和高深的地方，只要我們善於學習、練習「觀察」與「實踐」，長此以往，誰都可以成為攻心高手。

Lesson 2

外表中的性格展現

第一眼的觀察

I 想攻心，先懂得稍微暴露自己

生活中，多數人都穿著「防護衣」，他們習慣把自己包覆的滴水不露，使別人看不到他們真正的內心、個性和興趣。無論別人如何敲打他們的心門，他們仍舊將心門關閉得相當牢靠，使人們難以接近。他們可能只是自我保護，殊不知在這樣的自我保護下，失去的其實更多。

還有一些人，他們有很強的社交能力，總能饒富興趣地跟別人談論國際時事、體育新聞、八卦花邊，但從不表明自己的立場或想法，這樣的社交方式，即使雙方交流再多次，也難以拉近彼此的距離。要處理好人際關係，首先就要讓人先接納你，而要讓人接納你，就必須讓人先了解你。

暴露缺點，贏得信任

由於各種因素，人們在初次交談時心裡都會有所防備，不能敞開心胸與對方交談，甚至在你提出問題時不配合你，打亂你的讀心策略。

當你處於這種狀況的時候，就可以利用暴露自身缺點的方式，來博得對方的信任，讓對方放下戒心，沒有後顧之憂地與你交談。

因為，在人際交往中先敞開心扉、適當地暴露出自己意願的人，更容易得到他人的信任與尊重。一般情況下，人們都喜歡和勇於說實話，敢於表露自己心情的人接近，有膽量、實話實說的人有著自信的心態和光明磊落的行事作風，只有與這樣的人進行來往，人們才願意向他傾訴心事，進而加深彼此的交情。

過度隱藏＝自我孤立

現代人習慣躲在充滿安全感的牆後，不願暴露自己真實的心情或是真正的性格，這樣雖說可以保護自己不受傷害，但也會使人際關係的運行變得困難重重，甚至對工作、生活產生不良影響。

宣立是部門經理，這陣子因為工作較忙就請了一位助手。應徵了一名剛畢業的年輕女生，但他覺得兩人難以配合，不得已只好辭退這名女孩，又另聘請一名新助手。當別人問及辭退女孩的理由時，宣立給了這樣的評價：「太保守、太謹慎、太孤僻。」

原來，這個女孩過於謹慎，她似乎有意要將自己隱藏起來，不願讓他人了解，所以別人也很難從這個女孩身上獲得有用的資訊。她從來不跟別人討論自己的興趣、愛好及其他生活瑣事，同事們上下班都是有說有笑，就只有她獨來獨往。

某天這個女孩中午吃飯回來，同事隨口問她：「今天和誰一起共進午餐呀？」本來只是隨口一問，但這個女孩卻一本正經地回答：「和某人！」這樣的回答其實等於沒回答，但大家都知道，這句話實際上的意思是「我不想回答」或者是「我沒必要告訴你」。

有時候，部門同事在茶水間聊一些八卦新聞、花邊新聞，談到某明星變老了、穿衣服沒品味、耍大牌的時候，她總是在一旁安靜地聽著。當有人問到她的看法時，她也總是含糊其辭帶過：「其實每個人都有自己的個性，沒有什麼對與錯。」慢慢地，同事們都覺得跟她沒有共同話題，最後她像是自己把自己給孤立起來。

有鑒於女孩這樣的態度與同事的相處不甚理想，宣立不得不將她辭退，這個女孩也因此失去工作。

在與人相處的過程中，如果一個人表現得過分有距離，就會給人一種高不可攀的感覺。面對這樣的人，一般人都會不由自主地產生躲避心理，不想與之交談，也更別提成為朋友了。

世界上沒有十全十美的人，當你把自己的真性情呈現在對方面前的時候，會給對方一種真實的感覺，讓對方更加信任你，願意與你結交朋友，同等的用真心跟你相處。

先拋自己話題，再引他人話題

想要了解別人的時候，有時以和自己有關的內容引出話題，也是一個不錯的方法。人的性情百百種，當你從自己出發，主動提出話題的時候，他們會反問你一些事情，在這種情況下，你就可以靈活運用此方法來延伸調查。

在使用與自己有關的內容引出話題時，可以用自己學生時代做過的蠢事，也可以用自己養的寵物發生過的有趣事情，還可以用自己身邊的人的可笑故事作為開頭。總之，在不脫離想要從對方那裡得到情報的前提下，與自身有關的內容都可以作為交談的最初話題。

良好的人際關係是在雙方互相了解的基礎上建立起來的。在人際交往中先適當地向對方說出心裡話，坦率地展現自己，真誠地表露自己的性格，可以拉近彼此的心理距離，增加踏實度和信任感，讓雙方的交流更有深度。

但是記住，自我暴露並不是將所有的隱私全都說給別人聽，也有一定的限度。一般來說，自我暴露可分為以下幾個等級：

自己的飲食習慣、愛好等興趣方面的個人資訊。

- 個人的生活態度以及對時事的一些看法。
- 自我評價以及日常人際關係的狀況。
- 個人隱私、私密性較強的個人資訊，如內心深處的想法或不願讓人知道的往事。

在適當的範圍內自我暴露的確能夠拉近雙方的心理距離，但也要注意，在他人面前的自我暴露必須有著差別待遇，即便是在非常親密的人面前，也不能完全暴露自己，使自己毫無退路。你可以……

1 假裝說錯話，炒熱氣氛

在暴露自己的缺點時，可以故意說錯話來降低對方對你的防備。這個說錯話可以是無意的，也可以是有意的，但說出的內容要自然流暢，不要顯得呆板僵硬。當你說錯話時有些交談對象可能出於禮貌，不會做出指正的行動，但他們在心裡卻已經對你產生一些認同或好感；有些交談對象則會笑過後，再糾正你的錯誤，這就產生了炒熱氣氛的效果，讓雙方都可以更順利地敞開心扉。

2 聊失敗經歷，軟化對方

當你的對象不配合你的談話，或是對你的談話表現出不耐煩時，你可以跟他說一些你以前做過的可笑事情，或是一些不順利的情況，讓你們的關係變得更熟絡，但記得不要心急。

☑ 自我暴露並不是大說自己隱私

自我暴露並不是說越多越好，如果過度地暴露自己，也會帶來不好的影響。試想一下，如果有個人總是喋喋不休地在別人面前說一些自己的隱私，卻絲毫不關心對方是否感興趣，這樣的人是否會讓人想繼續來往的念頭呢？我想答案一定是否定的。這樣的人給人一種「以自我為中心」、「全世界都繞著他轉」的印象，當然不會受到他人歡迎，甚至會讓人們不願與他有更多接觸。

☑ 自我暴露，不要操之過急

自我暴露時不要過於急躁，要自然、緩慢地進行，不要讓對方感到驚訝。如果過早涉及個人隱私，反而會引起對方強烈的排斥與質疑情緒，做出防備的反應。

在他人面前大談特談自己隱私的時候，也會給對方帶來壓力，讓他認為：「我是否也要把自己的隱私拿出來交換呢？」這樣的交流方式會帶給人壓力，所以在交流過程中要遵循著循序漸進的原則，不急不躁才能贏得更好的人際關係。

☑ 你情我願，自我暴露不勉強

自我暴露建立在心甘情願的基礎上，當你自願暴露一些私人資訊之後，不要強求對方也必須同等的「付出」。每個人都有不願讓別人知道的事情，如果你以自己暴露了一些隱私為由，要求別人同等地向你敞開心扉，那就可能引起對方的排斥，降低對方對你的接納程度，最終劣化你的人際關係。

老話一句：「害人之心不可有，防人之心不可無。」如果緊閉心門，讓人感覺難以接近；將自己隱藏得太深，讓人覺得難相處，久而久之，你便會因為缺少共同話題與他人形同陌路，最後落得自己成為一座孤島。

而在向對方說出自己的事情時，要注意所要暴露事情的內容，還要掌握分寸，不要一時興起就全盤托出，偏離交談的主題太遠，否則往後會給你帶來不必要的麻煩。

2 外表和諧不代表內心不衝突

觀察意味著細心察看，無論你與對方是初次見面，還是彼此已有一定的熟悉程度，雙方互動的第一步往往是從「視線」開始，當對方不避諱地與你的眼神有所接觸，代表著他有與你溝通互動的意願。同時，肢體的動作方式、手勢的改變、下巴與鼻子等反應，也會投射出內心的情緒。換言之，觀察對方的動作變換是掌握良好互動的第一步。

交談時，我們總習慣把注意力放在對方說話的內容上，忽略了對方的動作表現，但肢體語言跟眼神一樣，是一個人感情的外在顯露。在和他人來往時，只要我們細心觀察，對方的每個動作和細微表情，都會不小心洩漏出他內心的想法。

想用攻心術來看懂一個人的肢體語言，就必須要能一邊傾聽別人的談話，同時觀察對方說話時所表現出的自然動作，才能客觀了解他的想法。

表裡一致，未必真的好

一般在理智與情感的驅使下，人們會採取某些和善的外在行動，以營造舒適的互動情境，但外表的和諧並不代表人們的內心沒有衝突。

舉例來說，當一個人對雙方的對話感到厭煩時，他的理智會告訴他仍要面帶笑容、應對進退有禮，但內心的煩躁感是很難因理性的壓抑而消失的，且很可能從其他小細節洩漏出情緒，好比有意無意地看錶或手機、不自覺地頻繁更換坐姿、站姿等等。

有些人會對這類表裡不一的友善行動感到困惑，甚至認為這與「虛偽」無異。從傳統觀點來說，表裡一致的人似乎能獲得好評價，因為他們具有率真、凡事自然的性格特質，心情的喜怒哀樂會如實地展現在外，往往不需要太多思考，就能了解他們真實的想法，但如果從職場上的商務交涉來看，表裡一致的人就未必能受到歡迎了。

例如老闆絕對禁止員工把對客戶的不滿直接表現在臉上，下屬也不喜歡主管老是怒目斥責。當然，有唯一的例外，那就是——擔任商業談判的代表，他們會十分高興遇到一個光看表情，就能預測出談判底線的對手。

因此，與其說表裡不一的友善行動是社會上的「人心難測」，不如說這是現實世界裡所運作的「人情練達」。最重要的是，透過觀察他人外在行動的小細節，能提高自己在與人互動時的敏銳度、判斷力，不僅有助於雙方的溝通與相處，也能擬定妥善的互動策略，讓自己做起事來事半功倍。

看他的舉動有時比聽他說重要

在工作職場或日常生活中，我們表達意見的方式不外乎是透過言語交談，而在與他人交流想法時，社會化的過程早已讓人們懂得選擇性地吐露真言，這意味著如果我們有意去確認他人的真實想法，光靠表面的語言來理解是不夠的，往往還得觀察其他的非語言訊息，例如對方的表情、說話的速度與音調、慣用的手勢等等。

由此可知，我們在與人交談時，既要理解對方說話的語意，也要觀察他所展現的外在行為，因為即使人們慣於隱藏自己的真實情緒與想法，但是外在舉止、神情態度仍會洩漏出蛛絲馬跡。

① 他的眼神如何移動

在交談過程中，由於人們的心態、想法和感受會隨著當下情境產生變化，因此雙方的視線也會不斷變換方向，同時，內心的情感或想法也會表露在視線上。

當對方的視線集中於你，即使四目交接也不移開視線，表示他行事方正，待人以誠，具有堅強的意志力；當對方與你對到眼便迅速移開，表示他意圖隱瞞某些事情，擔心你察覺到他的心事；當對方在交談中頻頻移開視線，表示他感到不耐煩或疲累，希望快點結束對話；當對方目不轉睛地瞪視你，代表他對自己很有自信，希望你能贊同或支持他的說法。

② 他的手勢如何變化

手勢具有輔助談話的效果，因此許多人在言談之間會有意無意地更換手勢，且手勢往往比語言更能傳遞真實情緒。

當對方一手擱在嘴邊或擱在耳下，又或者雙手交叉、身體前傾，表示他正專注聆聽，且十分關注於你的談話內容；當對方邊說話邊以手指指向你，甚至出現握拳、揮拳之類的激烈手勢，多半代表他具有潛在的攻擊心理；當對方以手撫摸下巴，或是調整衣著、撥弄頭髮，代表他的耐心已消磨殆盡，希望你能盡快結束談話。

③ 他的下巴緊縮還是上揚

從體態語言學的角度來說，下巴是人們的個性顯露處，依據不同的下巴動作，可解讀出他人的心理狀態。

在談話過程中，當對方下巴緊縮，表示他具備了服從心態，並且有意縮小自我的勢力；當對方在談話中下巴不時上揚，則意味著他想強調自己與你處於平等的地位，然而他的內心很可能正情緒不寧，而另一種情況是對方自覺高人一等，對你抱有敵意，或是否定你的一言一行。

4 他臉上眉毛的動作

如果眉毛上挑，意味著對方對你有抗拒和排斥心理，還沒完全接受你。此時，你應該主動和對方打招呼，以消除隔閡，拉近距離。

當一個人向你打招呼時，他的眉毛是放鬆的，而且手臂並沒有舉得太高，那這個人可能是個虛偽的人，和他相處時要有所保留；當對方開心或是對內容感興趣時，他的眉毛就會上揚，這時你就可以繼續話題。

5 他的腳尖方向

在交談中，如果一個人的腳不願朝向你，這意味著你們之間的談話出現問題；如果腳尖無意識地向某個方向轉，代表對方想要結束談話；如果雙腳不停地擺動，說明這個人不想走，但不得不走。

6 他的坐姿

坐時雙腿分得開的人個性不拘小節；坐時規規矩矩，雙腿緊併在一起，雙手放在大腿上的人個性內向，溫順又拘謹；坐時雙腿交叉的人個性沉穩、踏實、冷靜。

7 出現有關鼻子的動作

人們的臉部五官中，鼻子一般被認為是最欠缺「表情」的部位，但我們仍可以透過外顯的生理現象，如撫摸鼻子，了解一個人的心理狀態。

當對方在與你對話時，鼻頭或鼻樑頻頻冒汗，代表他的內心焦慮不安、精神緊張，如果雙方正在洽談公務或談判協商，意味著對方急於完成協議，且十分在意結果。

但若是在一般情況下，對方則很可能是對你隱瞞秘密，且內心懷有愧疚之意；在談話中，當對方以手捏鼻樑，代表他認為這是項難題或者是感到疲倦。

而其他的動作，如摸鼻子、揉鼻子、捏鼻子等，則表示對方雖然針對你的提問做出回覆，但他的內心其實感到非常混亂，只是虛應作答。

綜合以上所述，我們可知一個人的有聲語言與肢體語言，會依據不同對象、不同場合的考量而改變。有時單獨使用，有時相輔相成，然而在人際互動中，目光視線、臉部表情、手勢動作、體態姿勢皆能傳遞當事者內心的情感訊息，因此與人交流溝通時，除了「察言」也要「觀色」。

更進一步來說，人們雖然想藉由語言來掩飾自身的真實想法，或偽裝真正的感受，但身體語言、神情態度卻經常悄悄洩密，一旦我們能掌握外在顯露的密碼，自然就可更確實地認識身邊每一個人，進而逐步邁入洞察世事、人情練達的境界。

3 穿著打扮，直接告訴你個性

常言道：「佛要金裝，人要衣裝。」一個人的穿著打扮將顯示出他的品味與喜好，因為多數人在選購衣服時，會有意無意地選擇自己偏好的款式，並且傾向購買能夠表現個人體態優點的衣著，尤有甚者，更會以衣著能否彰顯地位與身分來作為挑選考量。

日常生活中，人們的穿衣風格各式各樣，歐美風、韓風、極簡風、中性風各具特色，英國心理學家研究發現，人的穿著打扮與心理狀態密切相關，穿著不但能反映人的心理變化，也能調節人的情緒，透過一個人喜歡的服裝顏色，可以大致分析出他的性格。

從心理學的角度來說，衣著服飾是一個人的「自我延展」，意思是說一個人的內在性格，會投射於外在的衣著偏好或是打扮習慣，例如自我表現欲望強烈的人會挑選風格搶眼的服飾，但個性保守傳統的人則偏好素雅樸實的服飾。

美國今日心理學雜誌曾刊登一篇文章，表明透過觀察一個人的衣服風格，可以推測相應的智力水平、社會地位、性取向等；透過鞋子款式能正確判斷出年齡、政治面貌和情感特徵……等，人的穿著打扮不僅可以表現出不同的審美和修養，還可以反映出一個人的經濟狀況、職業特點和性格特徵。

無論是日常生活的居家休閒服，還是工作職場的正式套裝，每個人的衣著打扮之所以呈現不同的風格，除了是審美觀有所差異外，個人的人格特質、生活環境、工作場合、自我期許、社交人脈等也會影響一個人的穿衣風格與選擇，所以當我們觀察一個人的衣著打扮時，不僅可研判出對方的社經地位，也可窺見對方潛藏在衣著底下的心理特質。

穿著、個性密不可分

當我們初次跟一個人見面的時候，無須和他打招呼、談話，只要透過他的著裝色彩就可以看出一些潛藏性格，能幫助我們更易於解讀這個人，讓我們在人際交往中處於主導的位置。

衣著打扮與一個人的個性有著密不可分的關係，一般情況下，一個人會依自己的喜好和需求選擇自己的穿著。而他最常穿的衣著打扮，往往就是他性格的真實反映。

隨著現代社會資訊流通的速度加快，我們要從他人衣著上解讀性格的難度也相對提高，但每個人在衣著上的挑選原則，仍會與他的性情、心理狀態、生活習慣有所關連，因此，觀察一個人平日的衣著風格會是了解他人的一種途徑。

如今，衣著儼然是另一種無聲的語言，它傳遞的訊息範圍甚廣，不僅幫助我們展現自我，也能讓人在適當情境下透過衣著營造出個人形象。更重要的是，只要掌握住「衣著暗示」，我們可更準確地探知他人的性情特點！

不論男人、女人，出門前都會想一下「今天要穿哪一件衣服？」，其實簡單的問號背後，挑選服裝的元素就已囊括了當天的心情。簡言之，穿著的風格，往往就是我們對這個人的第一眼關鍵印象。

光是服裝與顏色的搭配，就可以提出對人性的幾百種解釋，但相對的，只要換個風格，就可以扭轉別人對你的印象。思考一下，你現在扮演的是理想中的自己，還是為了趕流行才這樣穿呢？當你換一套衣服的同時，如果它讓你感到自在、心裡沒有壓力，又覺得自己光彩奪人時，那這就是最適合你的穿著，這也是為什麼看衣著便能透析出個性的原因。

1 衣著平實、樸素的人

偏好平實樸素衣著的人，一般性格沉著穩重，具有高度的責任心，對人真誠，做事不愛張揚，對自己的要求非常嚴格。

通常個性較為保守，對於過於前衛或顛覆傳統的事物較難接受，這也導致他們的行事風格較遵循既有體制，缺乏個人風格；不過這類型的人也不乏擁有自我主張的人，即便他們衣著樸實，卻會特別講究衣著配件，在某些特殊場合下，也會打扮得比平日隆重華麗。

與這類型的人互動或共事時，若以保持穩重、不浮誇的溝通態度，將可獲得他們的好感。

2 衣著華美的人

在任何場合裡，穿著華麗服飾出席總是特別容易引人注目，因此偏好華麗精美衣著的人，多半具有強烈的自我表現欲與虛榮心，對於金錢與物質生活也較為看重。

這類型的人勇於追求與眾不同，有時行事作風會顯得標新立異，不過喜好表現自我的性情特點，卻能讓他們出席社交場合時甚少怯場，他們喜歡展示自我，大多時候會買名牌服裝，這種表現也是不自信的表現。

與這類型的人互動時，若能讓他們感覺被重視、被關注，往往就能輕鬆拉近雙方的心理距離，而在工作上，適時給予他們展現自我的「舞台」，他們必然會全力以赴。

③ 衣著時尚、潮流的人

有些人的衣著裝扮主要是依據當下的時尚潮流，如果當季復古的衣飾大行其道，他們會毫不猶豫地跟隨流行，一旦流行風向改變，他們也會「從善如流」，立即轉換自己的衣著裝扮。這類型的人通常缺乏自我與自信心，因此行事風格會依循大眾認可的安全模式。

與他們共事時，他們雖然容易給人缺乏主見之感，但對於時事、趨勢的高敏感度，卻又能讓他們對某些事情做出準確的判斷。

④ 衣著絢麗奪目的人

喜歡色彩鮮明、亮麗衣著的人，多數具有活潑開朗、坦率豁達的性情特色，從某方面來說，他們也喜歡表現自我，並運用新鮮有趣的手法引人注目，這讓他們具有幽默感與樂觀精神。

在工作上，他們富有創造力、思緒敏捷，遇到困難會設法解決，可說是積極進取的工作夥伴。

⑤ 衣著實用、耐穿的人

衣著裝扮以實用耐穿為原則的人，行事作風通常也是走務實路線，且具有心地善良、單純大方的性情特色。

工作上，他們具備高超的毅力與耐力，而凡事講求腳踏實地的原則，讓他們不會以詐欺手段矇騙他人，即使工作上出了差錯或是遭遇到麻煩，他們第一時間想到的絕不是推卸責任，更不會企圖隱瞞過失。相反的，他們會運用洞察力查探問題根源，並且努力思考可以讓事情妥善解決的對策，這意味著他們是吃苦耐勞、積極可靠的工作夥伴。

衣著風格多變的人

如果一個人既定的衣著風格在短時間大幅扭轉，甚至穿起以往從未嘗試過的服飾，這多半意味著他的精神生活或物質生活遭受到刺激，因而促使他在外表上有嶄新的造型。

與此相反，有些人平日的衣著風格幾乎變化無常，時而樸素、時而華麗不說，就連剪裁、顏色、款式也沒有固定，這類型的人多半情緒容易起伏，並具有逃避現實的潛在心理。與他們互動共事時，除了要格外留意他們的感受，也應多以積極正向的用詞與之溝通。

衣著過度講究，心機較重

穿著講究的人有很強的責任心，做事穩重、謹慎，說到做到，從不會半途而廢。他們很愛面子，不喜歡別人對其批評指正，一旦觸及他們的面子問題，做出讓他們丟臉的事，他們就會牢記在心，並找機會報復你。

所以，在與這樣的人打交道時，千萬小心，不要做出有損他們面子的行為，特別是當面評判他們。

8 不講究衣著的人，特別注重利益

穿著不講究的人做事馬虎，沒有長遠的計畫，較看重眼前的利益。且這類型的人大多性格率直，我行我素，自我意識很強，常常以自己的喜好作為評價標準。

所以在與他們相處時，要避免損害他們的好處或利益，一旦損害了，他們會毫不手軟地盡一切可能討回公道。

除了不同的穿衣風格可以看出一個人的性格外，不同的色彩也同樣能表現出一個人的個性。

☑ **喜歡暖色系的人**

喜歡暖色系服裝的人，性格活潑開朗，熱愛生活，敢愛敢恨；做事考慮較不仔細，經常只顧頭不顧尾。在與這類人交談的時候，你可以用「最近你發脾氣了吧？」的問句，對方聽到這樣的話時，會覺得你是了解他的人，進而對你產生信任。

☑ **喜歡冷色系的人**

喜歡冷色系服裝的人，性格內向，不善交際，反應稍微遲鈍，喜歡沉浸在自己的思維裡，或侷限於自己的朋友圈中。做事考慮較多，在做決定時經常因為顧慮太多而猶豫不決。

在和這類人交談的時候，可以說：「你有一些很想做，但過了很久都沒有開始做的事吧？」這樣較容易說到對方的心坎裡。

☑ **喜歡淺色系的人**

喜歡淺色系服裝的人，單純、愛幻想，較為情緒化。他們有追求完美的一面，也有不切實際的一面，有時還會因為不能實現目標而有逃避現實的傾向。

在對這類的人讀心的時候，可以用：「你的個性讓人捉摸不定，私底下是不是跟工作的時候完全不一樣？」來作為話題。

☑ 喜歡深色系的人

喜歡深色系服裝的人，冷靜、不輕浮，無法很快地接受時尚的事物。有知性也有管理意識的特質，不喜歡聽取別人的批評和建議。

在和他們交談時，可以用：「你是不是常被別人誤會？」就可以讓對方侃侃而談。

只有在形形色色、不同性格的人群當中掌握住人們的性格、愛好，才能在生活、工作中更輕鬆地處理好各種人際關係，減輕外在人為的阻力，讓自己行事更為順利。

然而，一個人的穿著打扮也會隨著他的年齡、所處的環境、身分等的不同而不斷變化。因此，在採用這種方法的時候，為求得準確的結論，常常需要配合其他觀察來做出更客觀的判斷。

4 打招呼的方式有距離遠近

無論是商務社交或是日常互動，與人碰面時問候對方是重要的社交禮儀，藉由彼此打招呼的過程，人們可以表達善意、傳遞情感、增進友好關係。

儘管每個人性格不同、生活習慣迴異，與人打招呼的方式也不盡相同，但由於社交行為是我們長期累積所形成的習慣，因此每個人的打招呼方式，不只會帶有鮮明的個人色彩，也會顯露出個人的性格特色，我們能從中得知對方內心真正的想法。

而身體距離的遠近也是一個人內心想法的真實反映，他想要與你進一步交談，就會自然而然地縮短與你之間的距離；如果他不準備接受你，就會遠離你，例如以雙手環抱胸前的姿勢，表示對對方產生抗拒。

一個人與你相處時的距離遠近，可以很明確地表現出這個人的態度，反映出他對你們之間的交談是否感興趣。

相處的距離，反映彼此的距離

朋友之間的關係當然很親密，兩人之間的距離就自然會靠得很近，有的甚至還會勾肩搭背、左擁右抱、咬耳朵說悄悄話等。

但如果是一名初次和你見面就隨即與你打成一片的人，就表明了這個人的性格外向、活潑，這種人通常具有領導的風範，在做事情的時候不拘小節，為人處事積極熱情。

他們在與你初次見面的時候，會主動跟你打招呼，或者是熱絡地跑來和你握手，表現出他們的熱情。

他們在與你交談和用餐的時候，通常也會和你保持較近的距離，讓你覺得和他們好似已認識很久的朋友一樣，能夠無拘無束地暢所欲言。

而有些人在與你相處的時候，總刻意地保持你們之間的距離，那就表示他們較可能是思想保守、行為守舊的人。這類型的人在做事的時候沒有魄力，也不能快速且全面地接受新的觀點，但他們穩重的個性值得我們學習。

如果你在和他們相處時，試圖拉近與他們的距離，他們就會覺得緊張和不安，特別是與異性之間的近距離相處。即使是在人多的場合，因為擁擠而造成雙方的距離過近，他們仍會盡可能地和對方拉開距離。

如果有人和你相處時，在某些場合能和你有近距離的相處，在另外一些場合又和你保持較遠的距離，他們就屬於拿不定主意型的人。這類型的人很在意別人對他們的看法；遇到問題時容易搖擺不定，往往會在做出決定後，又因為朋友、親人的意見，而改變先前做出的決定。

在與他們相處時，如果在人少的情況下，對方又是善於交際的人，他們就會與對方拉近距離，和對方暢談；一旦有很多人在場，他們反而會開始注意自己的形象，正襟危坐。

另外，不僅熟人之間的交談距離要比陌生人之間的交談距離近，同性之間的交談距離也會比異性之間的交談距離近一些。

心理距離拉近物理上的相處距離

其實，要拉近人與人之間的距離，想讓雙方在交談的過程當中更近，交談得更輕鬆相當容易，你得先從拉近彼此之間的心理距離著手。

有的人在和他人談話之後，就不會想再和對方有第二次談話的機會；而有的人即使是第一次和他見面，也能很快成為朋友，或是有頻繁的來往。以上這些，都是心理的感受在影響彼此的日後往來。

銘偉有一次去國外出差，在買生活用品的時候遇到和他找同樣東西的華人，銘偉發現對方看不太懂商品的描述，所以籃子裡一樣東西都還沒有放。於是……

銘偉問：「你是剛來這裡，來買還沒準備好的東西嗎？」

「嗯，是啊。」對方嚇了一大跳。

銘偉一聽這個熟悉的口音，高興地說：「你是台灣來的嗎？」

「嗯，對！」對方回答。

「我是從台北來的。你應該是剛來這裡不久吧？」銘偉又問。

「對啊！你怎麼知道？」對方答。

「因為我們有緣啦，連東西都找一樣的。」銘偉說。

「我住在附近的希爾頓飯店，你呢？」對方問。

「太巧了！我也住那裡，等下可以一起回去。」銘偉提出邀約。

「那真是太好了。」對方笑著答應了。

先觀察對方，再提出能引起對方興趣的話題，就可以快速拉近彼此的心靈距離，兩人實際的相處距離也就能自然而然地拉近了。

注意恰當距離，別裝熟

當你還不能清楚確定雙方的關係到底進展到什麼程度的時候，掌握好與對方恰當的距離就顯得非常重要。

假設對方認為你跟他的關係並沒有到很熟的地步，但你卻自以為地認為達到某種親密程度，這時如果你做出過度熟稔的舉動，就會讓對方想要逃離，且對你產生反感。

相反地，如果對方覺得你們之間的關係已經到了「非常麻吉」的程度，但你卻遲遲沒有採取更進一步的舉動，這時候對方就會覺得你不夠真誠，也不知從何猜想你的想法，因而與你漸行漸遠，這在男女的友誼來往上經常出現。

那要怎麼樣避免這種情況，正確地探知自己與對方之間的距離呢？

你可以找個機會和對方一起出遊，閒聊一會兒後，走路時假裝不經意地靠近對方一些，倘若對方沒有馬上移開腳步，就代表你們之間的距離是他可以接受的親密程度；如果對方馬上注意到了，並快速拉出距離，或扯開話題的話，那代表他對你還存有戒心，在這種情況下，維持現狀是最好的辦法。

這種以閒聊來轉移注意力，在對方完全沒有防備的情況下行動，可以真實地反映出對方內心此時此刻的想法。

1 無論見過幾次面，都會有禮問候的類型

有些人無論與他人見過幾次面，都會以客氣有禮的口吻問候對方，這類型的人乍看之下彬彬有禮、待人溫和，但其實他們多半性格頑固，處事容易急躁不安。

這類型的人之所以與人維持禮貌性的互動，大多是因為內心只希望和對方保持一定的距離。也就是說，他們只希望與對方建立普通關係，並不期望發展出較親近的私人關係，他們在與人互動時，言行舉止的禮貌程度，會和心理距離成正比。

② 見面時禮貌程度不一的類型

在常態性的社交情況下，隨著碰面次數增加，人與人之間的熟悉度自然會提高，心理距離也較容易跟著拉近，但有些人卻表現得時而親近，時而疏遠。

他們很可能上一次碰面時對你親切問候，下一次碰面時卻態度冷淡，語氣疏離，如此前後不一的言行表現，令人感到無所適從。

這類型的人多半較無定性，遇事容易心浮氣躁，常因為外在環境的轉變，使他們的情緒受到起伏，這也導致他們與人互動的過程中，很容易讓他人產生心理壓力，所以人際關係也較不穩定。

③ 偏好用外語跟人打招呼的類型

偏好以外語向人打招呼的人，通常具有強烈的自我表現欲，心中希望能受到大眾的關注，因此會有賣弄的行為表現。

無論在日常生活或工作上，這類型的人都對自己充滿自信，常以較高的標準要求他人。而喜新厭舊的心理，往往會讓他們在待人處事上難以專心一致，有時會被視為容易見異思遷的人。

④ 習慣說「嗨」作為招呼語的類型

有些人跟人打招呼時，不會用「你好」、「早安」等常見的社交辭令，反而習慣以「嗨」作為招呼語，這類型的人大多性格害羞、多愁善感，不喜歡出席人數眾多的社交場合，只有在面對親人朋友或熟悉度較高的對象時，他們才能自在地展露熱情。

在工作上，這類型的人較難控制自己的情緒，很容易受到外在環境影響心情，且常因擔心出錯，而不敢做出新的嘗試，致使他們遇事時，容易抱持消極的態度，欠缺進取精神。

5 打招呼時，說「喂」的類型

打招呼時習慣說「喂」的人，通常性格坦率直爽，常會直接說出自身的感受與想法，且這類人一般都具有幽默感，能為周遭的人帶來歡笑，因此頗受他人歡迎。

在工作上，他們的思緒敏捷，富有創造力，應變能力極佳，遇事也善於聽取他人的意見，不會一意孤行，故經常被認為是樂於溝通、容易相處的工作好夥伴。

6 喜歡詢問他人近況的類型

與人打招呼時，喜歡詢問他人近況的人，多半生性大方，樂於與人互動，所以出席各類場合時，他們不會怯場，主動結識他人，也因而較容易成為會場上的焦點。

在工作上，這類型的人擅長自我勉勵，善於審時度勢，一旦面臨困難或挑戰時，他們勇於面對，積極尋思解決之道，對於下定決心要完成的事情，也會全力以赴，堅持到底。

7 喜歡提出拉近距離的話題的類型

與人打招呼時，有些人喜歡提出拉近距離的話題，這類型的人多半熱情大方，行事不拘小節，樂於與人交流，經常主動和人分享自己的想法與感受。

在工作上，他們處事果斷，講求效率，但經常因過度自信而忽略細節，犯下魯莽行事或反應過度的錯誤。

此外，他們具有冒險精神，凡事勇往直前，從失敗中吸取經驗及教訓，故常被視為具有魄力的工作夥伴。

8 打招呼時會拍拍他人肩膀的類型

與人打招呼時，有些人會拍拍他人的肩膀或手臂示好，這類型的人通常樂於與人交流，待人熱情誠懇，不會故做姿態，因此頗受眾人歡迎，且在工作上，他們具有高度的專注力，總是全心投入於工作之中，凡事追求精益求精。

此外，他們也擅長控制自我情緒，頭腦冷靜，即使遇到緊急事件也能鎮定處理，不過有時行事較為墨守成規。

當我們身處競爭激烈的社會環境當中，許多人逐漸體認到「人和」是促成各種事情成功的要素之一。儘管出席各種社交活動有助於建立人脈，但如何在有限的時間讀取他人心思，短時間內便留給旁人好印象，且持續維繫雙方的互動關係，都考驗著每個人的社交能力。

而透過觀察他人打招呼的習慣，以及外在的社交表現，能幫助我們快速了解、讀取對方的真實性格，同時也有利於我們擬定社交策略。

更重要的是，我們平日就應多加善用自己的觀察力，掌握與人互動的訣竅，長久下來，從容且自在地拓展人脈就不再是件很困難的事情了。

5 從說話的習慣和動作攻心

我們都知道，很多無論是無意還是刻意做出的小動作中，都可能反映出一個人的處事風格，即使某些人很懂得隱藏、掩蓋，他也會不自覺地露出一些破綻。

在生活中，我們每天與同事或朋友交談的話題，除了工作外，也包含生活趣事、個人興趣等閒聊話題，無論談話主題是什麼，只要你仔細觀察他們說話的習慣，你會有不同發現，非常有趣。

看透滿是破綻的說話習慣

當我們想了解一個人的個性時，最直接簡單的方式莫過於語言交流，但無論是對方的自我表述，還是我們自身對於言談內容的解讀，都難免會有失真或誤解的時候。

換言之，口語交流雖然具有一定的訊息透露，但礙於每個人對於人事物的基本定義、理解程度與價值觀念存有歧異，使得言談交流有著更大的解釋空間。

那藉由與人交談，我們究竟能了解對方多少呢？我們又該如何判斷其中的真偽訊息呢？對此，心理學家提供了寶貴的建言。

依據心理學的實驗與統計資料顯示，每個人的說話方式反映出內心深層的自我感受，而說話習慣又與個人的行為模式有直接關連性。舉例來說，一個經常把「我媽媽說」掛在嘴邊的人，往往欠缺獨立性，心智也較不成熟。

這意味著與其片面理解他人的內在，不如試著從對方的「說話習慣」來加以判斷，反而能更準確得知他人的隱藏性格。筆者列出幾種常見的說話習慣，看看你認識的人當中，是否有命中吧！

① 習慣使用「我」或「大家」

在交談過程中，有些人習慣使用「我」這個稱謂語，經研究發現，這類型的人多半有強烈的自我表現欲，深怕被他人忽視，因此常以「我」來強調自己的觀點與言論，藉此吸引他人的關注。

另外，也有一些人會以「大家」、「所有人」等稱謂語來代替「我」字，這類型的人通常較容易遵從團隊指示，或是附和、接受他人的意見。

② 喜歡引用名言

與人交談時，喜歡引用格言名句的人，多半缺乏自信心，因此習慣藉由知名人士、專家學者的言論來強化自身的論點，或是駁斥他人的意見，在日常生活與工作職場中，這類型的人不是善於「狐假虎威」，要不就是典型的「權威主義者」。

③ 習慣說話夾雜外語

有些人不分場合、交談對象、談話主題，總會習慣性地在言談中夾雜外語，乍看之下，他們是在表現或炫耀自己的外語能力，但實際上，這多半是出於對自身學識、工作能力等方面的自信心不足，因此他們會希望藉此向他人證明自身的能力。但與其說這是種自我證明，不如說這是企圖掩飾自我的弱點。

4 敘事時的表達方式

每個人對於事情經過的表達方式不盡相同，有些人習慣以直接、單純的方式表述事件，且言談中不會帶入任何自我情緒與觀感，這類型的人多半性情沉著、行事穩重，偏好以客觀、理性的立場看待人事物，較少會出現反應激烈的言行舉止。

與此相反，有些人敘述事情時，習慣鉅細靡遺地闡述，並且不時添加自我感受的評論，這類型的人通常情感豐富、心思細膩，也因此較容易受到外界影響。

5 說話很講求邏輯

與人交談或評論事件時，習慣講求話語的邏輯性，並偏好推論事件因果關係的人，通常具有優秀的邏輯思考力，行事作風也較為務實進取，但由於主觀意識強烈，凡事都有自我的想法與評論，因此有時容易將自身觀點或價值觀強加在他人身上。

他說話句句切中要點

有些人說起話來簡潔扼要，句句切中要點，甚少長篇大論，這類型的人獨立性多半較強，對於外界事物的關注，著重在未來走向或實際結果，較少關注其過程或旁枝末節，因此常被視為具有領導才能的人物。

習慣動作讓你的心被看透

藉由言語交談察知他人的心性，無疑是最為廣泛應用的識人方式，但在現實生活中，言語交流有它的侷限性與模糊地帶，因此在跟一個人面對面交流時，他的習慣動作往往能反映出他當下的情緒，若我們事先知道一些習慣性動作背後的意義，就能更好地分辨出別人的意圖，以及他們做出這動作背後的情緒為何。

知道這些之後，我們在與別人交談的過程中，就能及時發現關鍵處，主動改變不利於自己的局面，逆轉為勝。

① 站立時，雙手插入口袋

這種人在與人見面或是談話時，習慣把手插入口袋。他們往往性格內向，善於思考，不會輕易表達出自己的想法；做事比較周全、慎重，在還沒搞清楚事情來由之前，不會草草做出判斷，且他們的警覺性很高，不會輕易相信別人。

② 喜歡沿著牆腳或路邊走

這類型的人做事因循守舊，不善言語，沒有勇於創新的毅力和決心。但他們經常會偶然做成功一件事情，讓你對他們刮目相看，若是有人誇讚他們的成績，他們則會表現得非常謙虛。

③ 把玩身上佩戴的飾品

這個動作常會出現在初次見面的人或是男女朋友之間，當你準備引出話題時，對方往往會不停地玩自己或包包上佩戴的飾物。

看到這種情形時不要灰心，他們並非對你的談話不感興趣，而是這類的人感情通常不易外顯，想與對方深入交談，但又不好意思，這類型的人多數做事認真，但情緒波動很大。

4 常邊說邊笑

邊說邊笑的人大多性格開朗，追求自由灑脫的生活，對人真誠熱忱，感情專一，人緣很好；喜歡平靜、不被人打擾的生活，與他們交談時多半會覺得輕鬆愉快。

5 沒事就掰手指關節

這種人在手空閒時習慣掰手指關節，使它們發出聲響。這類型的人通常精力旺盛，善於交談，對事物較挑剔，甚至喜歡鑽牛角尖，但他們做事特別持之以恆，只要是他們確定的目標，不管遇到什麼困難，都會不惜一切代價達成。

6 習慣拍打頭

拍打頭表示突然想起或對做過的事表示後悔。習慣拍打頭部的人心直口快，性格直率；富有愛心，樂於幫助別人；對事業有著開拓進取的精神。

7 經常出現攤手聳肩的動作

這動作原是西方人常做的動作，但現在不侷限於西方人，有越來越多人使用。習慣這種動作的人在對一些事情表示無所謂時，通常會攤開雙手，聳聳肩膀。

這類型的人富有想像力，熱情開朗，會創造自己理想的環境，很懂得享受生活，希望能一直待在溫馨、和睦的環境當中。

8 不停抖腳

這種人在跟別人交談的時候，腳會不停地晃動或抖動，這是他們在思考的表現。這類型的人通常很自私，做事過程中甚少考慮別人，對待別人吝嗇摳門，對自己卻很大方。

9 習慣抿嘴、捏鼻子

我們說在交談過程中習慣抿嘴、捏鼻子的人是沒有自信心的，在做決定時往往拿不定主意，喜歡隨波逐流。

上述的習慣動作所反映出的個性和心理推測，適用於一般大眾，但並非對每個人都適用，如果你想要得到更精確的結論，必須配合其他方法才能做出判斷，例如用話題引導對方等。

如果你能正確判斷出對方的內心所想，再加上正確的應對方式，你就能在各種場合悠遊自在，不至於做出鬧笑話的舉動，也不會在突發狀況下像「待宰羔羊」一樣無所適從。

6 分析頭部動作與目光接觸

諾貝爾醫學生理獎得主——斯佩里教授，曾將人類左右腦的功能差異作出歸類，右腦主司企劃力、創造力、想像力、直覺力、演算力；左腦則主司理解、思考、判斷、推理、語言等能力。右腦控制的內心情感會具體反應在左臉上，左腦控制的理智性情感便具體反應在右臉上，而兩者融合後的臉部表情，一旦搭配上頭部動作，就會衍生出微妙的非語言訊號。

古羅馬詩人奧維德曾說：「沈默的眼神中，藏有聲音和話語。」的確，以人們心裡深層的情感與欲望來說，眼睛是最能反映出情緒變化的靈魂之窗。若能了解頭部動作與目光接觸模式背後的意義，對我們讀取他人的心思，將有非常大的幫助。

分析他的頭部動作

正如臉部表情的豐富多變，頭部動作的背後意義也具有多樣性，例如最基本的點頭表示肯定、搖頭表示否定、低頭表示沉思等等，都是人們普遍認知並理解的意思。若再進一步探討頭部動作，我們會發現只要置換不同的社交情境，點頭很可能也同時代表「厭煩感」，這說明即使是同樣的身體語言，但表現在人與人之間的溝通交流與不同情境上，也會被賦予全然不同的解讀。

由於人們的身體語言會反映出和外界接觸時的內在情緒，相較於有聲語言的影響力來得更加顯著，因此在判讀他人的頭部動作時，不應拘泥在既有的認定下，反而要依據當下的對話情境推敲其背後意義，進而真實地了解你的朋友、上司、同事，讓彼此相處起來更順利。

1 對方點頭

當對方對於你的言論表示肯定、希望你多發言，多半會以點頭傳遞「我正在聆聽」或「請你繼續說下去」的訊號。相對的，當你希望引發對方的談話興致，或試圖誘導對方持續發言，就能以點頭的動作讓對方了解你認同他的說法，以及你肯定他的言論觀點。

儘管點頭的動作帶有肯定、支持、認同、讚許的意思，但在談話過程中，一旦對方點頭的次數超過三次以上，那意思可能就完全相反，代表著否定、不耐煩的意思，尤其是點頭的動作明顯與談話內容不甚相關時，通常意味著對方心不在焉，或是企圖隱瞞某些事情，因此在解讀他人的點頭動作時，為避免落入誤判情勢的窘境，都務必留意當下的對話情境。

2 對方搖頭

從身體語言的角度來說，人與人交談溝通時，搖頭的動作帶有拒絕、否定、不認同、反對的意思。在日常生活中，有些人也會習慣性地搖頭晃腦，這類型的人多半具有高度自信心、強烈的主觀意識，也正因為如此，他們自成一格的行事準則很容易招致他人反感。

不過由於他們善於在社交場合表現自我，面對艱難的工作任務也會勇往直前、毫不怯懦，因此與他們共事時，若能維持良好的雙向溝通，他們會是深具爆發力的工作夥伴。

3 對方低頭

頭部低垂的動作帶有低姿態、謙卑、害羞等意思，而當職位較高者出現低頭動作時，往往是向下屬傳達友善的訊息。

職場裡的日常互動中，有些人會習慣性低頭，這類型的人通常具有工作勤勞、凡事慎重以對的性格特點，而且對過分激烈、草率魯莽的事情較不欣賞，因此在處理工作事務時，他們也會特別留意細節，謹慎執行。

若想與這類型的人共事，有計畫性的工作規劃，以及穩重、理性的溝通態度，將可獲得他們的信任與支持。

4 對方拍打前額或後腦

拍打頭部的動作通常表示懊悔、自責、沮喪，但依據拍打位置的不同，其所傳遞的性情訊號也有所差異。

習慣拍打前額的人具有性情率真、富同情心、反應直接而坦率的性格特質。在工作上，他們善於替人著想，也樂於助人，因此十分適合團隊工作或小組作業。

習慣拍打後腦的人，多半較不注重感情，但對工作目標執著，樂於學習新知，通常具有開拓精神與工作毅力。

5 對方頭部前傾或後仰

在交談過程中，當人們的頭部往前傾時，大多是表示專注、注意力集中、聚精會神，但如果是頭部前傾，以眼神瞪視對方，則代表心中不滿或不認同對方，因此要解讀頭部前傾的動作是友善還是帶有敵意時，應配合對方臉部表情的變化，再進一步判斷。

習慣將頭部往後仰的人，通常具備高度的自信心，甚至有遇強則強、桀驁不馴的性格特色，因此與這類型的人共事時，宜採取柔軟的溝通態度。假使遇到雙方觀點不一致時，也應口氣緩和但立場堅定，以免刺激對方產生反彈情緒，導致對話流於意氣之爭。

分析他的目光接觸方式

在日常生活和工作職場上，人與人交談時也避免不了有四目相交的時刻，儘管視線交流的過程可能極為短暫，但無論是迴避他人的目光，還是習慣性地坦然相視，都不是出自於偶然的行為反應。

進一步來說，當一個人與他人的目光接觸時，他當下的反應與之後的言行舉止，往往都表現出他個人的內心狀態與潛在的性格。因此，觀察同事與上司平日的目光接觸模式，將有助於我們了解對方的心性，促進職場人際關係的友善互動。

眼睛是人們五官中最容易觀察的部位，眼神目光更是富有個人性格特色的無聲語言，在與人交談時，透過觀察對方的目光動態、目光接觸時的行為反應，我們就能探知對方的內心世界與情緒變化。而在平常的職場互動過程之中，我們若想與他人保持合作、良性競爭，除強化自己的工作能力外，也應培養從細節觀察他人心性的能力，唯有如此，才能知己知彼，左右逢源。一般而言，人們的目光接觸模式可略分為以下類型。

1 平視對方

與人面對面交談時，習慣目光平視對方的人，多半性情和善，待人寬厚，並且樂於助人。在工作事務上，這類型的人行事公正，富有責任感，凡事講求光明磊落，因此頗受他人的敬重與信賴。

2 迴避他人

交談時習慣迴避他人目光，並且不願注視對方的人，乍看之下似乎內向膽怯，但實際上，這類型的人多半猜疑心重，頗具心機。

在工作上，他們常因堅持己見而遭遇挫敗，多抱持著以偏蓋全的思考模式，有時也會刻意與他人保持距離。

3 向上揚視

在與人交談時不注視對方，反而頻頻將目光向上揚視的人，通常性情急躁、叛逆心強，給人一種驕傲自大的感覺。

在工作上，他們好勝心強，較欠缺情緒管理能力，有時會因嫉妒他人的工作成就而心理不平衡，甚至引發口舌是非。

4 向下垂視

與人交談時，目光習慣向下垂視的人多半性情拘謹，頑固倔強且自信心不足。

在工作上，他們也常因過於謹慎而缺乏決斷力，行事作風也容易流於優柔寡斷。有時會因為自身安全感的不足，而採取某些投機的手段來自我保護，給人狡猾、氣量狹小的印象。

5 飄忽不定

面對面交談時，目光飄忽不定、眼神不會注視對方的人，心性多半較不穩定。

在工作上，他們的應變能力極佳，表現欲強烈，也善於利用人際關係，但好大喜功，加上有時會推諉工作責任，因此較難獲得他人的信賴。

喜歡頻頻以目光接觸

喜歡在交談時頻頻與他人目光接觸的人，通常具有自信、直爽、熱情的性格特色。

在工作上，他們為人著想，也樂於與他人相互配合，因此十分適合需要溝通協調的工作類型。此外，他們希望自己的工作表現能獲得他人的認可與讚賞，專心投入自身的工作，但有時出於無心的直爽作風可能會引起他人的不悅。

習慣以目光盯視他人

習慣在交談時以目光盯視他人的人，多半具有慷慨、不喜歡拘束的性格特色。

在工作上，這類型的人支配欲強烈，對於自己設定的工作目標往往會全力以赴，並且善於把握機會表現自己，但有時過於喜好自由自在、不願受到束縛的性格，也容易給他人留下我行我素、過於自我的印象。

一個人的頭部動作不僅能輔助他的言談內容，也能洩漏出他內心的情感與思維的變化，尤其是悄然隱藏在目光接觸背後的性情投射，更會不加掩飾地對外展現。假如臉部是人們身體語言中最富表情的部位，那頭部絕對是最聰明、機警的部位，從高明的攻心者角度來看，人們的一舉一動、一顰一笑都反映著生理與心理的情況。

因此，藉由觀察並解讀他人的目光反應，我們除了能掌握住對方當下的情緒與想法外，對對方的行事風格也能有所推斷，而這對於人與人之間的互動與交涉亦有極大助益。

7 別小看手指隱藏的秘密

人們的所思所想與性格特質，都會在言行舉止中展露無遺，而在所有非語言的肢體動作中，「手的姿態」也具有較為強烈且直接的社交含義。舉例來說，握手表示歡迎或問候、翹起大拇指表示讚揚等，這些手部動作看似簡單，但其實寓意深遠。

手部動作不只是輔助

在公開場合演說或在會議上發言時，有些人習慣運用手部動作來輔助談話內容，無論是握拳、手掌平攤等皆有其意義，但大多時候，人們很容易忽略細部的「手指動作」。

事實上，手指動作的變化與情緒波動相映成趣，只要仔細觀察他人的手指動作，就能從中發現對方當下的情緒與心理狀態，這對於會議溝通、協商談判還是意見交流的進展，都有顯著的推動效果。看看說話時對方的手是呈現什麼樣的動作。

1 雙手十指交叉

當發言者十指交叉並平放於桌上時，乍看之下貌似情緒平穩、胸有成竹，但真相卻可能恰恰相反。

一般十指交叉的動作帶有防衛意味，並且投射出個人內心的不安情緒，當情緒波動劇烈時，十指交叉的力度也會增強。

換言之，當一個人處於緊張不安的狀態，卻又企圖強作鎮定時，就會以十指交叉的動作作為掩飾，一來是藉此產生自我保護感，二來則是為了減低外界環境所帶來的影響。

② 呈現出尖塔式的手勢

所謂的「尖塔式手勢」，意即兩手手指指尖併合，形成類似教堂尖塔的手勢，在身體語言學中，這種手勢是彰顯自信的動作，有時也帶有自大高傲、裝腔作勢的意思。

因此，當發言者或與會者出現尖塔式手勢時，通常表示他對自己的能力、事態的發展滿懷信心，特別是尖塔式手勢的擺放位置越高，其自視程度也越高。

值得一提的是，在談判會議上，處於劣勢的一方，有時會故意採用尖塔式手勢，以便誘使居於優勢的一方心生顧忌，轉而改變原先的談判策略。因此，判讀他人的尖塔式手勢時，應格外留意對方是否存有「欺瞞」的意圖。

③ 開始扳數手指

在日常生活中，扳數手指的手勢動作經常是為了說明某些數字或項目，而在會議發言時，採用扳數手指的動作，往往是為了增加說服力，並加深內容的理解度，尤其是涉及數字與具體條件時，扳數手指可以避免聽者產生混淆。

同時，這種手勢也能營造發言者思緒條理分明、行事嚴謹的個人形象。

4 指尖相互輕點

當與會者出現雙手合十，並讓兩手指尖相互輕點的手勢時，通常反映出對方正在思索彼此的差異點，有意尋求雙方都能接受的觀點或作法。

也就是說，當一方提出的看法或建議，另一方部分認同、部分否定，而又希望調整彼此的期望落差時，就會出現手指相互輕點的手部動作。

此時，若能進一步了解雙方看法的主要分歧點，以及內在期望與實際建議之間的差距，將有助於消弭彼此歧見，凝聚共識。

5 不自覺地觸碰無名指

在身體語言學中，人們的五根手指頭都具有不同意義的象徵，無名指則被視為具有「情感表現」的意含，因此觸摸撫弄無名指的動作，經常能反映出個人的情感需求。

而有些人在談話過程中，會不自覺地頻頻觸摸撫弄無名指，這多半表示他們真正希望獲得的是他人的關懷之情，並非理智的說法或務實的建議。

6 雙臂交叉，大拇指向上

人們慣於將大拇指視為是權威、力量、自我的象徵，在身體語言學的應用上，大拇指則具有顯現控制欲、優越感、侵略性的意思。

因此，當你在會議上發現他人擺出雙臂交叉、大拇指向上的姿態時，通常表示對方的內心處於防衛狀態，卻又自覺優越，自視過高。

此時應設法調整對話模式，無論是改採溫和的口吻，或是表示善意的肢體動作，只要能讓對方改變姿態，就可提高雙向良好溝通的機率。

總結來說，人們雙手與大腦神經的聯繫多於其他部位，所以手部姿勢、指尖動作所投射出的情感意義，大多時候也較為直接與強烈，因此有些人認為，眼睛若是靈魂之窗，那雙手無疑是靈魂之窗的「指向」。

同時可知，善用手部姿勢可以增強溝通效果與個人魅力，而仔細觀察他人的手指動作，並從中讀出對方的內心狀態，將有助於我們適時調整對話策略，達到提升對話品質的效果。

握手三秒鐘，是性格的自我介紹

在日常生活與商務社交場合中，握手已是人際互動的標準禮儀，大多數的人也都認同握手具有表示友好、寒暄問候的意義，同時，它也包括了向他人表示慰問、祝賀、感謝之意。

不過很多人經常會忽略，握手乍看之下是簡單的社交動作，但握手的力道、姿勢、角度等細節，卻會告訴他人自己的性格訊息，對於商業交涉或結識的陌生人而言，握手不僅是社交禮儀，也是雙方互動的起點。

觀察他人的握手方式，能讓我們在第一時間了解該如何有效地與對方溝通。

1 握手力道較強的人

有些人在與他人握手時，習慣以較強的力道握住對方的手，力道之強甚至會讓對方感到疼痛。這類型的人具有坦率、堅強的性格特色，為人處事往往抱持著誠懇的態度，但有時會有過度自負、逞強的毛病。

在一般情況下，他們對於個人情緒都能控制得宜，而之所以採用較強力道與人握手，通常是因為待人熱情，或是內心期盼雙方能有良好的互動關係之故。

② 握手力道適中的人

與人握手時，習慣保持適中力道，並以雙眼注視對方的人，通常性情堅毅、真誠，行事具有責任感。

這類型的人思維縝密，善於推理，遇到困難或複雜情況時，大多能迅速釐清問題，並果決地提出具有建設性、可行性的解決方案，因而容易受到他人的信賴。

③ 握手力道較輕的人

有些人在與他人握手時，習慣輕輕握住對方的手，這類型的人多半性情內向，又容易受到外在環境或他人言論的影響，因此情緒起伏較大，有時更會沉溺於悲觀、負面的想法之中，因而經常被視為消極主義者。

此外，他們缺乏果斷的決策力，常常會優柔寡斷、三心二意，加上欠缺進取精神與行事魄力，容易被歸類為難以承擔重任的人物。

④ 只以手指抓握對方掌心的人

與人握手時，習慣只以手指抓握對方掌心的人，多半性情平和，待人友善，富有同情心，但他們的情感豐富，心思細膩，對於外在事物也較為敏感，因此遇到問題、困擾時，情緒容易起伏，給人較情緒化的印象。

⑤ 以雙手握住對方的手的人

有些人在與他人握手時，習慣以雙手握住對方的手，這類型的人多半性情率直，好惡分明，喜怒形於色，他們待人熱情，尤其對朋友會推心置腹，不過有時過度的熱情反讓人產生抗拒感。

此外，他們具有反傳統的叛逆性格，不願受到某些制式規範的拘束。

6 與人握手時態度遲疑的人

握手雖然被視為普遍性的社交禮儀，但有些人遇到他人想要握手問候時，卻會在無意間顯露出遲疑，經常猶豫片刻後，才慢慢伸手與對方握手，手臂甚至會呈現彎曲狀態，盡量讓手掌貼近自己，這類型的人通常性格內向謹慎，思想較為封閉保守，遇事欠缺判斷力與果斷力。

7 握手時掌心潮濕的人

與他人握手時，有些人儘管表面上看來平靜淡漠，但掌心卻會因內心緊張而有手汗的情形，這類型的人多半善於運用肢體語言掩飾內心情緒，因此常給人從容自若的印象。但實際上，他們只是外在看似堅強，內心很可能正處於不安慌亂的狀態。

8 緊握對方後立刻放手的人

與人握手時，有些人習慣緊握對方的手，然後隨即放手，這類型的人通常善於與人互動，對於人際關係的處理方式也較為成熟，尤其遇到需要多方協調的事情時，他們往往會有出色的表現。

儘管這類型的人經常給人友善、好相處的印象，但實際上，他們的性格較為多疑，對待他人容易存有防備心。

9 握手時將對方的手推回去的人

與人握手時，有些人會習慣性地反推對方的手，這類型的人多半具有強烈的自我防衛心理，加上欠缺安全感與自信心，因此較不容易與人親近，也不會輕易親近他人。

10 緊緊握住對方的手的人

與人握手時，有些人習慣緊緊握住對方的手，這類型的人在多數時候會顯得冷淡、不易親近，但實際上，他們具有強烈的領導欲與企圖心，只是他們通常善於利用其他方式掩飾自身的侵略性。

握手禮儀起源於中世紀的歐洲，隨著時代的變遷與演進，握手也被賦予了更多符合社會共識的意義，而從中衍生出的相關禮節，自然也呼應著人際互動時的情緒感受，這意味著在握手的過程中，雙方的內心態度與性格特質會隨之洩漏。

也就是說，你必須隨時注意自己的握手禮節是否恰當，因為得體的表現往往就是開啟良好社交關係的第一步！

Lesson 3

跟誰來往都零距離

快速贏得信任

I 沒有永遠的陌生人

「害人之心不可有，防人之心不可無。」一些人在與人交往時對「陌生人」都存有戒心，這本無可厚非，但若是習慣性地防範陌生人的接近，對想要與你交朋友的人處處心存戒備，甚至不敢走出自己的生活圈，那麼這就阻礙了你的正常社交生活。

相信不少人都有過這樣的感受，遇見一位特別投機的朋友時，我們也許會感慨地說：如果當初我們沒有參加那個聚會、沒有那次的見面，我們兩個人也許至今都不會認識。既便是在某一天，我們在街上擦肩而過，彼此也不會多看一眼，我們只會成為生活在同一片天空下的兩個陌生人，沒有改變。

但在這世界上沒有陌生人，只有「朋友」和「還沒來得及認識」的朋友。

 攻心，不是增加你的防備心

隨著社會環境的複雜化，我們對陌生人的戒心也越來越重。

處處防備陌生人確實能讓我們避免受到傷害，但也因此封閉了自己的人際網，人人都可能成為你的貴人，因此若拒絕和「陌生人」說話，就可能錯過一個能給予你幫助的大貴人。

許多人出於自我保護，多半拒絕和陌生人接觸或來往，即使接觸，多半也對陌生人處處防備，但這卻在無形中阻礙了你擴展社交圈。一個處處

封閉自己、不善於結交陌生人當朋友的人，不會擁有好的人際關係，好比下面故事的薇薇。

薇薇是個防備心很重的人，平時與人來往的過程中，她經常懷疑對方的目的。

在平常上班的路上，有一位二十多歲的年輕人每天都和她坐同一輛公車，對方看到她都會很友善地微笑。每當這種時候，薇薇都會覺得這年輕人是不是對她有不良的企圖，所以總冷冰冰的沒有任何回應。

有一次，公車因為人多擁擠，薇薇和年輕人都沒有座位，只好距離很近地站在座住旁的走道。

突然，司機一個緊急剎車。

薇薇因為沒有抓穩扶手，眼看就要跌倒了，年輕人看到，及時一把扶住薇薇。薇薇站穩後卻只說了聲謝謝，對他的好心詢問敷衍了事。

原本還想繼續與薇薇聊天的年輕人在看到薇薇表現出的冷漠態度後，也自覺地閉上了嘴。

就這樣，本應成為朋友的兩個人，因為薇薇的冷漠和防備，只能形同陌路。之後薇薇搭乘公車時，就再也沒有見過那位年輕人了。

薇薇的故事在現實中也經常發生，很多人就像薇薇一樣，對陌生人充滿防備，而失去一個又一個結交朋友的機會。

不要總是羨慕別人的朋友多或性格開朗，其實只要願意打開心扉，你也可以像他們一樣，在結交朋友的同時，碰到自己的貴人。

攻心，讓你只有還沒認識的朋友

俗話說：「一回生，二回熟，三回見面是朋友。」這是自然而然的，也是人之常情。

從離開父母進入幼稚園的那天起，我們接觸的每個人都是陌生人，鄰座那位陌生的小朋友，成為我們的青梅竹馬；同桌的她或他，成為一輩子的閨中密友、拜把兄弟。在與許多陌生人擦肩相遇的那一刻起，可能便成為我們不可或缺的朋友，這些都是從陌生人開始發展的。

很多時候「還沒來得及認識的朋友」和「陌生人」是同一種意思，只是說法不同而已。「還沒來得及認識的朋友」是一種積極的心態，擁有這種心態的人們，會積極去結交不認識的新朋友。

其實人際交往反映的就是一個人適應社會的能力，一個懂得社交讀心技巧、善於結交朋友的人，自然比一般人能有更多的機會，擁有更多願意幫助自己的新朋友。

攻心，讓陌生人成為貴人

有時陌生人也能成為你的貴人。積極主動地認識陌生人，那麼在你遇到困難時，陌生人的幫助能讓你更快度過難關。就像下面故事中的慧文一樣。

慧文為人熱情開朗，在陌生人面前也毫無拘束。

一次慧文因為工作去了離家很遠的地方拜訪客戶，恰巧客戶臨時有事無法準時赴約，打電話通知慧文說要晚點才到，因為離家較遠，慧文不願白跑一趟，便答應在約會地點等待客戶。

在等候過程中，因為無聊，她和旁邊一位小姐攀談起來，兩人還聊得相當投機。

不知不覺時間過去了，眼看末班車已經駛離，這時客戶打來電話說：「今天實在是沒有時間，只好改天再約了。」慧文正在為如何回家發愁時，那位小姐主動提出可以送慧文到附近的計程車排班點，方便慧文搭車回家。

慧文對這位小姐充滿感激，直說遇到了貴人，兩人互留聯絡方式，隨著友誼的日益加深，最終成為無話不談的知心好友。

如果慧文沒有主動與那位小姐進行攀談，就不會有之後對方的友好相助，也就不會擁有一個知心的朋友。結交陌生的新朋友是一種能力，有時更是建立良好人際關係的開端。

☑ 擺脫負擔，大方認識陌生人

想要成功與陌生人交朋友，你要先丟掉自己心理的負擔，且清楚認識心中的感受，讓你更好地克服它並自然地認識陌生人。認識陌生人的心理負擔一般有這幾種：缺乏安全感，不敢親近陌生人；缺乏自信，不敢和陌生人主動來往；個性太強，認為主動搭話很丟臉。

這是人際關係中較常見的三種心理負擔，而克服它就是你走出社交的第一步。

☑ 消除恐懼，迎接人脈財富

有些人在與陌生人來往時都會感到些微緊張，但這並不會影響到他們的表現。

而「社交恐懼」則是讓人們無法正常進行人際交往，這類的人總處於焦慮狀態，他們害怕自己在別人面前出洋相，害怕被別人觀察。

不敢與人交往，甚至連出入公共場所對他們來說都是一件極其恐懼的任務，結交陌生人對他們來說更是不可能的事情。

其實和陌生人當朋友並不是一件太困難的事，只要你能消除心理恐懼，改變心態，積極主動一些，就能認識很多陌生人，也容易和他們打成一片，成為朋友。

「朋友」能在事業、生活等各方面相互幫助、提攜，成為你人生中無法計量的財富。

☑ 認識陌生人，最大重點是保護自己

前面說了很多與陌生人當朋友的好處和方法，最後要跟各位做個提醒：「認識陌生人時也需要看對象」。不是所有陌生人都能和你成為朋友，你必須要會看人，存有基本的戒心，要在來往的過程中注意到對方的優點和缺點，切不可對剛認識的陌生人毫無防備。

與陌生人當朋友有一個最重要的前提——那就是保護自己不受到傷害。

重申一次，沒有永遠的陌生人，只有朋友和還沒來得及認識的朋友。人際交往都是從與陌生人開始的，無論是兒時的玩伴，生命中的知己，還是與我們相守一生的愛人，彼此都是從陌生人開始，最後成為彼此重要的人。所以，人人都可能成為你的貴人，試著與陌生人當朋友，就是擁有良好人際關係的開始。

2 表現出自己最好的那一面

德國哲學家恩格斯說：「發展和自我表現是生活的基本需求之一。」在人際關係中，無關乎個性沉默開朗，都應該樂於表現自己。

而亞洲人的民族性一向以「謙虛」為美德，以至於多數人都不習慣大方表現自己，同時也多少對他人的「爭強好勝之心」存有非議，認為這是破壞團體和諧的不當舉動。

其實人生可說是一個循序漸進的發展過程，它包含兩個相互聯繫、相互影響的部分：一是架構自己，指人對於自我的塑造與培養；而另一個是表現自己，也就是將人的自我價值顯露出來，以獲得社會地位的實現或他人的承認。

因此，若你能大方秀出自我，絕對不會被他人錯誤評價，且事實正好相反，那些善於展示自我、表現自我優勢的人，往往能贏得更好的人際關係，也更容易實現自身的價值與理想。

學會控制情緒，用自信壓制對方

我們經常聽到許多人說：「我在緊張和憤怒的時候是笑不出來的。」這種時候，你反而要善於控制自己的情緒，告訴自己不僅要笑出來，還要大聲地笑出來。只有這樣，你才能在緊張和尷尬的時刻，用自信和氣場壓制住對方，使自己處於主動地位，避免不必要的麻煩。

想抓住任何一個成功的機會，就要勇於、善於表現自己，適當地展露自己的才華與能力是為了贏得他人的好感，打造出自己的正面形象，透過合理的途徑和適當的方法，將自己完美的一面展現出來，才能在別人心中替自己加分，贏得絕佳的人緣。

善於展露自我，可以讓你贏得他人的好感，為自己打造完美形象。但如果你是那種沒有限度，且不懂得技巧性表現的人，那就低調地融入人群，將自己收斂起來。

也許你就認識這樣的人，他們看起來總是非常開朗且善於高談闊論，經常因為一些小事放聲大笑；經常誇耀自己有很多朋友，但其實周末都宅在家裡；他們熱愛將自己形容得無所不能，但現實中往往能力平庸。這樣子的人有著過強的表現欲，刻意在他人前表現自己，想以這種方式引起對方的注意與崇拜，殊不知這樣的行為不僅不能贏得他人的好感，甚至可能影響自己正常的人際關係，給自己及別人帶來不必要的困擾。

整體看來，表現欲過強的症狀主要有以下幾種。

- **表情過度誇張，裝腔作勢，分享的情感經驗內容膚淺。**
- **習慣以自我為中心，強求別人滿足他的需要，若不滿意就給別人難堪或是直接表達出強烈不滿。**
- **需要外界的鎂光燈，為了引起注意，不惜譁眾取寵，危言聳聽，或是喜歡在裝扮及行為上異於常人。**
- **說話經常誇大其辭，摻雜部分自我幻想的情節，缺乏具體細節，令人難以相信。**

這樣的行為表現在人際關係中是絕對要避免的，秀出自我的目的是建立良好形象，絕非為了表現而表現，這在人際交往中是絕對 NG 的做法。

秀出你的好，讓貴人幫你實現夢想

有技巧地秀出自我，可以為你的人際關係加分，但如果表現過度，讓對方看出你的表現欲過強、侵略性過強，甚至看破你的一舉一動其實是刻意「演出來」的，那不僅不能贏得他人的好感，還可能讓你的形象一落千丈，受到別人輕視，不被他人信任，甚至影響你周遭的人際關係及旁人看待你的眼光。

事實上，很少有真正的笨蛋，每個人都是優秀的，在別人眼中看來的「不聰明」，其實也不過是因為不善於展示優點，而產生誤會罷了。

曾有這麼一篇新聞：有位十分熱愛樂高積木的男孩，他 8 歲時應徵樂高公司沒有下文，但他並未因此受挫。23 歲時，他以熱愛的樂高進行畢業製作，取得產品設計學士的學位，最後順利進入樂高公司工作，成為樂高設計師，歷經 15 年的時間最終夢想成真。他還曾寫信至樂高公司，詢問要如何才能成為樂高設計師，也真的收到對方的回覆——一份設計師需具備的條件清單。

善於展現最棒的自已，能幫你抓住心中想要的一切，把自已完美的一面展示給對方，用自己的魅力打動對方，使其對自己刮目相看、感到崇拜。把自己優秀的一面展現給對方知道，能使你處於一個高於別人的位置，讓他人仰視自己，從而信任自己，願意達成你的願望，為一種攻心技巧。那你可以如何展現呢？

1 關鍵時刻跳出來當英雄

當工作或生活中出現一些突如其來的狀況時，你要能勇於挺身而出，正所謂「關鍵時刻見人心。」同理，關鍵時刻也是你展現能力的最佳時機。在別人猶豫不決或雙手一攤沒有任何辦法時，如果你能漂亮地將問題解決，那你的能力就會在其他人心中被認可，還能為自己贏得「臨危不亂、能力優秀」的好印象。

② 你的好，大家要知道

你對「自己的好」心知肚明，但只有自己知道是遠遠不夠的。曾有位雜誌負責人，他在不需要用錢的情況下，仍積極向銀行借錢，並在約定還款的日子將錢一分不少地還給銀行，替自己建立起良好的信譽，使他日後在生意往來遭受挫折時，能順利跟銀行申請到大額貸款，周轉資金。可見，讓別人注意到你、相信你的好，在將來或許能得到更多的回報。

③ 世界需要你的獨特性

個性就是個別性、獨特性，也就是一個人在想法、性格、氣質、意志、情感、態度等方面異於他人的特質，這種特質表現在外就是語言、行為和情感的不同，是一種個性化，而個性化是我們的存在方式。

在攻心的社交場合中，想要展現自我就一定要勇於展現個性，讓自己的真性情能簡單地表現出來，這不僅能讓別人感到貼近，更能表達出你自己的切身感受，率直而不矯飾，它能簡化原本複雜的社會人際關係，讓別人對你留下更深刻的好印象。

☑ 人氣王必備——幽默感

大家都有這樣的經驗，當我們旅途疲累，或是等待過於漫長時，朋友突然爆出的一句幽默話語，或是一個誇張故事，讓大家笑逐顏開，瞬間消去疲勞，如果你有此幽默感，你便擁有了受歡迎的最大資本。

與朋友來往時加一些幽默的調味料，也是表現自己的一大招數。幽默本身就是一種智慧，更是一種社交技巧。天生幽默的人，在人際關係中表現出積極樂觀，與人為善等各種優良人格的一面，因為幽默的本質就是優秀而豐富的內涵投射。

☑ 表現的機會人人都有

人與人之間的往來是互相的，只有你給別人機會，日後別人才會給你機會。同樣地，想要展現自己，當然也要給別人自我表現的時候。

如果正好碰到你和他人都想展示自己能力的尷尬情況時，不妨謙讓一下，假如因為你急功近利，和對方搶著表現而鬧得不可開交的話，錯失機會不說，還可能讓兩人之間的關係直下山谷。

留一手給別人表現的機會，讓外人覺得你是一位有風度的人，對方心中也會對你的謙讓心生好感。機會雖然不會經常有，但給別人機會，也就是讓自己能夠等待更多對方因回報而給予的機會，一舉兩得的事，你何樂而不為呢？

3 想贏得信任，請先投其所好

投其所好是能產生最大效果的方式，因為這專門針對人性的弱點——「自己的喜好」下手，而多數事實都能證明，很少人能抗拒得了這個直接的招數。

與人來往時，為了讓對方留下一個好印象，或是得到對方的好評，我們說話時要盡量投其所好，必要時更可採用附和、擁護、讚美等方式，彼此的想法就能產生碰撞，迸出火花，讓對方對你有種相見恨晚的感覺，如此一來距離感沒了，當然能贏得對方的好感與信任。

說出對方「想說」的話

這種談話策略就是：識別出別人心裡想要說，卻不敢說出口的話，由我們替他說出來。

一個人內心經常想的是一種樣子，但是說出來的卻是另一種樣子，這類型的人就是我們說的那種口是心非、表裡不一之人。當然，有時這樣做也是迫不得已的，但如果出於好意，這就另當別論了。此外，還有一種人他們礙於面子，不好意思說出來，但其實內心迫切地希望別人能替自己說出來。

不論是哪種情況，如果我們能清楚明白對方內心真正的想法，那對我們來說，在各方各面都非常有幫助。當我們遇到口是心非之人時，若能婉轉地說出他們內心真正的想法，會讓他們感到驚訝，從而對你產生好感，在日後的交往中對你更加信任。

而礙於面子的人，一般都不好意思說出自己真實的想法，他們希望得到別人的讚美或是肯定，如果你能透過觀察與分析替他們說出來，他們會認為你說出他們的心聲，從而對你更為友好和信任。

說出對方「想聽」的話

別人喜歡聽什麼話，我們就要專說他們喜歡聽的，這是一種說話技巧，也是能拉近雙方心理距離的有效方法。想說中別人的心思，我們在說話的時候就不能把話說得太死，要替自己留點「後路」，因為我們只是透過觀察去猜測對方的心思，並不能 100% 確定。

因此，在交談的時候，可以多使用含有「多種意義、語意含糊」的詞語，盡量用多種方式表達，這樣才能使對方聽了之後開心的機率大大提升。我們來看幾段對話，更進一步了解這種說話技巧，以便能在人際來往中更靈活地運用。

例如在交談時，無論對方是男性、女性，關心的話題無非是事業、愛情、家庭、朋友等幾種領域。你可以對年輕女性說：「妳現在的愛情和工作還不太穩定，是因為妳還年輕，等妳年紀漸長，自然就會變得穩定了，不用擔心。」（這是你對未來的預言，就算不準也不會被對方發現，加上很多人都希望自己的未來順利，所以這樣說很討人喜歡。）

如果對方是家庭主婦，你就可以說：「妳的家庭可能會有一些妳覺得不夠好的地方，但不用擔心，那都只是小插曲，風雨過後一定能變得更美滿。」（每個人的生活中一定都會有些不愉快，而這些不愉快通常很快就會過去，這是一般事物的規律性。）

像上述這些話都是利用「說對方喜歡聽的話」的技巧，讓對方對未來有美好的期待，能更放心，讀者朋友們可以試著改變說話方式，讓人對你產生好感。我們接著繼續討論攻心還有哪些重點。

① 攻心時，學習整體性的理解

如前述所說，任何事物都不能單獨來看，我們在讀取別人心思的時候，經常會犯一個錯誤，那就是習慣將表情和動作分開，無視對方的表將情、動作和所處環境之間的相互關係，習慣片面地解讀對方心中的想法。

當人們認真聽你剛才說的話時，通常會將專注力放在別的地方，例如：塗鴉、玩筆、用手撐著下巴等，當他們出現這些動作時，嘴巴裡卻說：「嗯，我知道了。」的時候，你就不能單聽他們說的內容，要繼續說下去，且最好重複一遍先前說過的話。

② 無聲語言的暗示力更大

當一個人的表情和說話的內容自相矛盾時，人們大多會忽視他的言談，傾向於無聲語言的「表情」、「動作」傳達出的訊息，因為無聲語言所傳達出的資訊影響力，是有聲語言的五倍以上，你必須好好掌握。

例如，當一個人對你說他的婚姻非常幸福時，卻不斷將無名指上的戒指取下、戴上，不停地把玩，即代表這個人正在說謊。

③ 解讀時，理解身處環境的影響

當我們試圖了解對方的內心想法時，不要只傾向於他平常表現得如何，有著什麼個性，我們要學習在不同的環境中，調整如何看待一個人的想法或作為，因為人的思維方式和做法會在不同的狀況下產生不同的變化。

例如，一個人因為寒冷而不自覺地做出抱緊雙臂的動作，這時候我們若能觀察環境，就知道不能將這個動作解釋成是他不想和我們繼續交談的防衛表現，應該聯想成這是他覺得冷所產生的自然反應。

在運用這些讀心技巧時，要能結合實際的環境、對方的情緒等，做出評斷、正確運用這些方法，得出對方真正的情緒與喜好。只有正確掌握並運用解讀身體語言的攻心術時，才能熟悉對方的心事，在別人說謊或心口不一時，辨別出他們真正的想法；在談判時洞悉對方背後的情緒，掌握主導權；在與親朋好友的來往中滿足他們內心的想法，說出他們想聽的話，進而得到對方的信任與好感。

4 不把別人當作傻子

在社會上，聰明人總是更受歡迎，但有的人卻把聰明用錯了地方，老愛耍些小把戲來欺騙或愚弄身邊的人，認為自己的手法很高明，神不知鬼不覺似的，彷彿事情都處理得天衣無縫，對方毫不知情，把別人當作傻子，殊不知自己才是真正的傻子。

其實一般正常人的智商都相差無幾，每個人當然都有潛力成為福爾摩斯，但如果是耍耍小聰明，只會讓別人留下愚蠢的印象。記住，千萬不要成為自以為是的傻子，攻心術也不是讓你成為天才的招數。

不要以為自己動動歪腦筋就能成功愚弄別人，一般小伎倆對方都能察覺。善於耍小聰明的人在背後暗自得意時，別人可能也在背後指著他，告訴身邊的人遠離這個人。這樣的舉動既無法建立良好的個人形象，反而還讓自己穿上虛偽的外衣，讓身邊的人逐漸遠離，致使人際關係惡化。

我們要記住一個觀念，把自己看得太聰明的人，往往會被生活嘲弄；總想藉著小聰明佔據上風的人，吃虧的反而是自己。有這麼一則笑話，一個都市人和鄉下人一同搭火車，都市人想要小伎倆欺負鄉下人，占他便宜，於是城市人說：「我們來猜謎語，互相出一道謎題給對方猜，猜不到的人給對方一塊錢，如何？」鄉下人想了一會兒，回答：「不，你們住在大城市的人一定比我聰明，我肯定吃虧，還是讓我少吃點虧吧？假如你猜不到，就輸我一元；我猜不到就給你五毛，怎麼樣？」都市人覺得自己一定不會輸，便欣然答應了。

鄉下人率先出題：「什麼東西是三條腿在天上飛的？」都市人左思右想都想不出答案，只好掏出一塊錢給鄉下人，接著問：「三條腿在天上飛的東西到底是什麼？」鄉下人笑著說：「這個問題我也不知道，來，給你五毛錢。」

所謂聰明的人受歡迎，但耍小聰明的人讓人不想親近就是這個道理。廉價的聰明並非真正的智慧，不要因為動一次歪腦筋，就賠上影響一生的印象，那可就得不償失了。

輕敵，攻心者的大忌

國外有一則寓言故事是這樣的：太平洋上某處荒僻的群島，島上住著怪異的獸人，臉部有著三隻眼睛，有位生意人想，如果將這些三隻眼的獸人逮住，再帶到世界各地展覽，肯定能賺一大筆錢。於是他訂製了一個大鐵籠，換上打獵裝扮，駕著帆船前往島上。

他萬萬沒想到的是，島上的三眼獸人也從沒看過兩隻眼睛的「怪物」，所以商人一靠岸，就被獸人們抓起來，還被關進自己帶來的那個籠子裡，被運到其他島上展覽。

看到這則故事，我們不禁要問：「這到底是誰聰明、誰傻呢？」世間事總是如此荒謬可笑，原先看似較聰明的商人，想要捕捉未被開化的獸人，但沒想到最後反落入對方手中，著實諷刺呀！所以，輕敵的事永遠別做，無論你的攻心技巧有多高明。

☑ **真正的智慧是不斷地學習**

一般來說，「智慧」和「學習」是完全互通的一件事，在日常生活中，你要學會從每一個細節、每個人身上看到全新的事物，學會用感恩的心看待一切。

此外，還要懂得利用身邊的資源，把握機會學習，開闊自己的眼界，唯有你懂得更多，看事情的體會才能更深。同時，只有不斷提高自己的層次，累積足夠的淵博知識，擁有充足的個人資本，你才能從中累積真正的智慧。

☑ **裝傻是一種「智慧」**

這裡的「裝傻」不是真傻，是一種更高級的智慧展現，是精明的另一種表現形式，更是適應複雜社會、解決矛盾場景的一種巧妙方法。

在很多社交場合，多數人都不愛給人一種傻勁的感覺，不會放過任何一個可以表現自己聰明的機會。碰到狀況時，經常先以個人標準來判斷是非對錯，但這反而吃力不討好，原因就是他們不懂得「偶爾裝傻」的道理。

當我們遇到一時難以處理、難以解決的衝突和問題時，便可以借助「裝傻」，有意識地拖延時間、緩和矛盾、化解衝突，利用時間解決問題。有些事裝裝糊塗，反而能給自己減少很多壓力和麻煩，是一種智慧且實用的處事之道。

☑ **不要假裝謙虛，卻是鄉愿**

我們常看到周遭有一類人經常擺出很謙虛的樣子，謙虛本沒有錯，但如果謙虛過了頭，就會給人一種做作和鄉愿（外貌忠厚老實，討人喜歡，實際上卻不能明辨是非）的感覺。

例如，在參加聚餐大夥兒聊天時，他們常先開啟話題，否定那些其實表現良好的事物，目的是想透過這種方式得到他人的肯定與安慰，這樣的做法一、兩次或許可以表現出謙虛，若經常如此，難免讓人產生厭惡。

有時過度的謙虛就等於「反向的驕傲」，適當的謙虛可以給人一種平易近人的親切感，但如果做得太超過，讓謙虛變了質，那些偽裝的親切與想從他人身上取暖的舉動也會讓人想從此遠離。

人生需要的一直都是「大智慧」，絕非「小聰明」。大智若愚，不要過於追求一時的外在得失，要明白做人的根本在哪裡，做個謙虛低調且博學的人，才能贏得他人的尊重和崇拜。而攻心不過是助你成事的技巧之一，千萬別因此自我感覺過度良好。

真正的「聰明人」該尋求的是人生大智慧，而不是無知小聰明，這才是為人處事之道。要記住每個人都是有想法、會思考的，小技巧、小聰明不可能瞞過世間所有人的眼睛，願意放低姿態，展露真實的無畏，才是真正的聰明人。

5 說對話，攻心 Double 變 Triple

文藝復興時期法國文豪蒙田說：「語言是一種工具，透過它，我們的意願和思想才能交流，它是我們靈魂的解釋者。」可知這位文豪對語言的感受之深。

語言，如果用適當的方法表達，能讓人聽得舒心，但如果說話沒有掌握好分寸，就有可能引起不必要的誤會或災禍。這就是我們常說的：「怎麼好好一句話，到你嘴裡意思就變了？」因此我們說會說話的人，攻心能力能加三成，而不會說話的人，就直接讓人心碎，根本別談攻不攻心了。下面筆者分享一則小故事。

小文剛從醫學院畢業，懷抱著滿腔熱情到一間醫院實習。實習第一天，主治醫生因為工作忙碌，請他代為向病人家屬說明疾病惡化的狀況，並轉達家屬病人可能只剩下一年的時間。

小文聽完醫生的話，拿著病歷到病房，一進門便直接告訴家屬及病人：「我感到很惋惜，但還是要請你們做好心理準備，這位先生只剩下一年的時間……」病人的母親聽見這個噩耗一時承受不住當場昏倒，而病患也因事實過於衝擊，難過地直掉淚，說不出話來。

主治醫生事後得知後，狠狠地教訓了小文，罵道：「病人因為久病纏身已經很痛苦了，你怎麼可以當著眾人的面直接告訴他呢？在場沒有一個人是準備好的，萬一發生什麼後果，這責任你擔得起嗎？」

小文在如此重要關頭說錯話，雖說無意，但看在旁人眼裡反會讓人覺得他「沒良心」，因為病人可能因為這句話的衝擊性太強，調適不過來，使病情瞬間惡化；也有可能因為家屬無力承受，事後連為病人加油打氣的力量都失去……有許多我們無法預期的狀況可能發生，不管是好是壞，都不是我們所能承擔的。

在說這種敏感的事情或身處敏感的場合時，如果能說對的話、婉轉的話、打氣的話、正面的話，換個方式將話說得能讓人接受，把話說到對方的點上，讓他們安心、平靜的接受，那事情的結果或許就截然不同了，而這就是攻心的技巧：說對話。

學說話，讓你的攻心更有效

有句諺語是這麼說的：「別讓你的舌頭比你的思緒還快。」你的嘴一般用在最簡單的功能上，像是吃飯、說話、接吻，但吃飯時要細嚼慢嚥，接吻時要帶感情，說話時更要記得帶腦袋。如果只是單純的活動嘴巴卻不思考，那豈不是跟動物一樣嗎？

那什麼是說話帶大腦呢？跟人說話時，你要考慮的必須是會不會引起對方的不愉快？會不會傷到對方的心？會不會其實對方壓根不想跟你談這些事？我們所謂的會說話、說話帶大腦，最大的原則就是，讓你的談話對象愉快。因此，學習以最符合對方身分、情緒的說話方式來交談，才能讓你的攻心更有效，更有那份為人著想的體貼，讓對方對你更有好感。

☑ **一語中的，就能達到目的**

聰明的人說話會揣摩著他人心思，致力於一語中的。若你能一句話就切中對方要害，就不怕達不到你想要的一切。

情人節傍晚，許多年輕男女站在公園湖邊，等著與自己的情人碰面。這時有兩名擦鞋童拿著板凳在湖邊坐下，各自高喊、招攬客戶上門。

鞋童A：「請坐吧！讓我為您擦擦皮鞋，保證光亮！」

鞋童B：「約會前，請擦一下髒皮鞋吧！」

結果A的攤子前顧客寥寥無幾，B的攤子前卻排起長長人龍。為什麼兩個擦鞋童的生意會有這麼大的不同？這就要從「說對話」探討了。儘管鞋童A的叫喊聲禮貌又充滿熱情，還附帶品質保證，但這和湖邊那些年輕男女急著約會的心理搆不著邊，因為天色漸漸昏暗，特別花錢把鞋子擦得「又光又亮」，似乎不是那麼重要。

但鞋童B說的話就不一樣了，完完全全觸動他們的心。在「月上柳梢頭，人約黃昏後」的心動時刻，誰不想在情人面前乾淨體面呢？以「約會」為誘餌，吸引先生小姐們擦鞋，不正說進他們心坎了嗎？也因而能反應到生意上面。

☑ **理由軟又好，攻心沒問題**

咄咄逼人、處處強勢不一定能得人心，說話時給對方一個堅不可摧的理由，讓它為自己撐腰，你就能掌控全局。

南部的炎夏悶熱潮濕，連樹上的蟲子都懶得出來，更何況是人？這樣一個炎熱的午後，工人們吃過午餐就到樹蔭下納涼去了，工頭看到後，不動聲色地買了礦泉水帶到工地，一邊招呼著工人們：「來來來，涼一下！」邊說邊把礦泉水分給大家。

他繼續說道：「這什麼天氣，光是待在這裡都難受，更不用說在太陽底下幹活了！可是有什麼辦法，上面催得急，還要我們確保品質。各位師傅們的手藝我一點都不操心，大家都是行家，但工期我們也延誤不得，如果工程不能按期完成，上面不只要扣我的錢，恐怕連各位的薪水也會被拖欠呀！大家就再忍耐一下，抓緊時間把事情做完，這樣也可以早點收工，領錢回家休息！」工人們聽到工頭的話，覺得十分有道理，稍作休息後便又加緊幹活去了。

想抓住人心，你說話就要句句有理，讓對方聽了你的話之後心服口服，感受到你的關心，覺得確實是這麼回事。只有你的理由夠好、夠充分，才能真正征服對方的心。

☑ 攻心：說有關對方利益的話題

在說話時，最能吸引對方注意的，無非是那些有關對方切身利益的話題，與對方談論或提出你的建議，能迅速抓住對方心理，如果你的建議夠好，對方更會對你心悅誠服。與讀者分享一則小故事。

有位相聲大師至國外演出，幾間媒體記者前去採訪，沒想到竟全被拒於門外。正當記者們敗興而歸的時候，一位女記者再次敲響了他的房門，對他說：「我是一位相聲迷，非常喜歡您的表演，想跟您聊一聊演出時必須特別注意的問題。」

相聲大師一聽，明白這位記者是為了讓自己的演出更完美而來的時候，便接待了她，這名記者也因此獲得獨家新聞。

我們不得不佩服這名記者的好口才，不僅說出自己採訪的目的，還傳達給對方一個這樣的訊息：「我來是為了讓你的表演更精采。」

卡內基（Dale Carnegie）在強調口才的重要性時，曾這樣說過：「如果你的口才好，可以讓人家喜歡你、結交到好朋友，更可以開闢前程，獲得讓你滿意的結果。」這名記者就是靠著自己的攻心說話術，順利完成任務。

在面對不同的談話對象時，你必須揣測對方最關心的話題，從對方最關心的角度出發，說對方最需要、最想聽的話。在談話一開始就觸動對方心靈，你就能事半功倍，更好地說服對方，達到目的。

6 偶爾示弱，能得到意想不到的效果

懂得示弱，是一種攻心智慧。只要我們坐下來認真想想，就會發現，其實在很多時候我們都要懂得示弱、學會彎腰。因為當人們在示弱的時候，容易得到他人的諒解，也更容易得到他人的幫助。

雖說示弱容易得到他人的幫助，但是要學會恰到好處的示弱招數，可不是一件容易的事。所謂的示弱就是要學會「忍讓」，每個人都喜歡有話直說，開心就笑，有不滿就說，但在現實生活中，我們往往會因為大局而不得不做出一些讓步或犧牲。

雖然示弱並不能解決所有問題，但懂得示弱卻是必要的，想游刃有餘地處理社交關係，就要隨時讓自己保持最佳彈性，要能在適當的場合學會示弱。

妍莉是銀行新進的客服專員，聰明、能幹、自信，但公司有著嚴格的升遷制度，所以同部門的前輩們都帶有強烈的優越感，經常對她頤指氣使。於是妍莉勉勵自己要以成績來說話，她相信只要做出成績，就一定能得到客戶與上司的賞識。

同辦公室還有剛來不久的惠萱，她總遇到很多棘手的問題，但其他人都是各忙各的，只有妍莉願意在惠萱遇到問題時伸出援手幫忙。妍莉的名聲漸漸在公司裡傳了開來，使她對即將到來的人事異動充滿信心，一心等著公司宣布她升遷的好消息。

但沒想到最後竟然是惠萱榮升了，百思不得其解的妍莉向好友訴苦，朋友聽完她的抱怨之後，這麼告訴她：「因為妳太強了，所以大家都覺得妳不需要，誰知道妳升遷後會不會威脅到他們？但惠萱就不一樣了，她可愛、嬌弱，人人都願意幫助她，且最重要的是，惠萱升上去後不會撼動到主管們原先的勢力。」聽完，妍莉恍然大悟。

此後，妍莉開始修正自己，調整了原先從不求人的做法，遇到問題時開始懂得向同事請教；改變自己獨來獨往的習慣，主動與同事們接觸，並且刻意地暴露出自己的小缺點，讓同事們看到自己另外一面。沒多久，妍莉的人際關係有了很大的改善，兩年後順利被提拔為客服主任。

人們在面對比自己強的人時，往往心存戒備，如果你總是強調自己的優勢，無疑是在幫自己樹敵，很容易引起對方的敵意。但如果你能放低姿態，懂得示弱，就能消除對方的敵意，甚至得到對方的認同和支持。

示弱是你的都市叢林保護色

適當的示弱是一個非常有效的人際交往法則。一個懂得示弱的人，不管他多麼優秀，都不會讓人感受到威脅，也不會引起他人的敵意，反而會贏得更多的讚美與幫助。

示弱，是維持生存相當必要的手段。我們都知道在自然進化的過程中，越是善於示弱的動物，越能保護自己。例如烏龜在遇到強敵的時候不是與之爭鬥，而是將自己柔弱的四肢縮到龜殼裡自保。自然界尚且如此，人也不例外，適當的示弱是一種障眼法，是保護自己的一種方式，這無非尊嚴，而是種訣竅，務必記得。

☑ 承認無知，就增加信任

很多人在進入一個新的環境之後，往往會急於展現自己的能力，但這種鋒芒畢露的做法會使自己陷入被動的處境。為了避免給他人留下處處爭先的印象，你最好適當收斂自己的光芒，腳踏實地一步步前進。

當我們進入到一個全新的環境，肯定會碰到一些未接觸過或不精通的事物，這時你就應該先承認自己的無知，不懂的地方就向同事和前輩請教，這樣做不但不會給別人留下蠢笨的印象，反而會增加他人對你的信任感，讓人更願意接受你。

☑ 以退為進，人生大智慧

「難得糊塗」，簡單四個字就道出了人生的大智慧、大哲學。在競爭中，你也不妨難得糊塗一次。當你遇到喜歡吹毛求疵、找麻煩的對手時，最好的辦法就是裝糊塗，在他還沒有挑明話題前，先下手為強，裝作自己不懂向他請教或者轉移話題，這樣以退為進，相信他不會太為難你。

有時對手會編造一些流言蜚語來打擊你，這些無中生有的話會讓人感到強烈的壓力，如果你忍不住先爆發了，將讓好事者製造更多的口實，流言傳播的速度會更快。在這種情況下，你不妨進行冷處理，無論別人怎麼說，相信清者自清，流言自然也會慢慢消散。

☑ 槍打出頭鳥，不得不慎

有些人喜歡出風頭，覺得只有被人讚揚才意味著受到肯定，心裡才會有成就感，因此他們非常在意他人對自己的評價，總是全副心思在討好他人，希望博得讚美。

但有句話叫「槍打出頭鳥」，「出頭鳥」的鋒芒往往會刺傷周圍的人，讓人避之唯恐不及，有時還會成為眾矢之的，在競爭中首先被踢出局。

競爭的勝利靠的是實力而不是他人的評價，如果過於在意他人的評價並為此花費大量的時間和精力是不值得的。面對衣食的榮辱得失，我們不妨沉澱，把所有的精力放在如何提升自己的實力，唯有積蓄實力，才能在競爭激烈的社會立於不敗之地。

有些人不懂得示弱，無論什麼事都想與他人一分高下，爭個你死我活，搞得自己筋疲力盡、壓力過大，不但影響自己的心理健康，還大大劣化人際關係。

在競爭的過程中，「硬碰硬」未必會有好的結果，既然如此，那就放下無謂的爭鬥吧！在適當的時候採取軟性的攻心術——示弱，相信能讓你擁有一個更好的人際關係。

7 將錯就錯，是攻心妙招

在人際交往中，我們會遇到各式各樣讓人不自在的情況，像尷尬、冷場、遭人反駁等，但讀者朋友們必須明白，這些只是人際交往中的小障礙，每個人都可能遇到。如果不幸遭遇這種狀況時，關鍵是找到巧妙的方法化解，而「將錯就錯」就是一個很實用的妙招。

在談話中，大腦有時會突然短路，因而說出不恰當的話，這些話很容易讓人陷入尷尬的境地。如果在這種情況下沉默不語或是閃爍其詞，都不是解決問題的好方法，最直接、也最可取的辦法就是進行「解釋」，但千萬不要越描越黑，有時「將錯就錯」也會讓你的不慎之言熠熠生輝。

一位著名的音樂家到一所國中給師生們分享音樂鑑賞，這位音樂家越講越投入，忘記自己是在幫一般的老師和學生們講課，艱澀的專業術語從音樂家口中接連出現，而台下的師生們對音樂的專業知識有限，不知所云，於是一個小男生遞上一張紙條，希望他能換一種簡單好懂的方法講解。

看到紙條，「真是麻煩阿！」音樂家的這句心裡話竟然脫口而出，他意識到自己的話傷及現場師生們的心，當下氣氛相當尷尬。這時，音樂家立即向那位男孩和全體師生表示歉意，誠懇地說：「這對我來說確實是一件很麻煩的事，因為我不得不拋開手中的教材。我的講解太專業了，但如果以一般的話來講解，可能會找不到適合的話表達，這樣我一定會說得很糟，我還是先試著講講看，如果我說得不夠清楚，還希望大家諒解。」語畢，他的話竟贏得一片掌聲，同學們開始喜歡這個音樂家了。

在尷尬的氣氛中，這位音樂家將錯就錯，把自己的後顧之憂告訴聽眾，不但緩解了尷尬的氣氛，還重新贏得師生們的好感。

☑ 將錯就錯，讓對方不攻自破

做老實人，說老實話，辦老實事，本就是為人處世的基本原則，可是如果在生活中遇到蠻不講理的人，往往是「秀才遇到兵，有理說不清」，這時你不妨將錯就錯，順著對方荒謬的思路走下去，讓他意識到自己的無理取鬧，效果要比苦口婆心的說服好得多。

有一個窮人蹲在樹下吃著乾糧，旁邊有名小販正在賣煎魚，小販一直打量著窮人，等他把乾糧吃完，便伸手說道：「給我兩角銀幣，這是一盤煎魚的錢。」

「可是我沒有吃你的魚啊！」窮人反駁。小販聽了十分不高興，大聲說：「你這個騙子！誰沒看見你剛剛吃飯那會兒，一直都在品嘗我煎魚的香味，沒有這香味配著吃，你那難以下嚥的乾糧能那麼好吃嗎？」

雖然圍觀的人都很同情窮人，但當時風確實把煎魚的香味帶給了他，於是兩人來到法官面前請求最公正的判決。法官說：「窮人吃飯時確實利用了小販煎魚的香味，因此他必須付錢，茲命令該小販和行人現在都走出法庭，站在太陽底下，然後行人拿出兩角銀幣，在陽光的照射下銀幣將投射出影子，小販只要收下影子就可以了，既然一盤煎魚的價錢值兩角銀幣，那一盤煎魚的香味必然值兩角銀幣的影子。」聽到判決，行人終於舒展了眉頭，而小販氣得說不出話來，眾人拍手叫好。

當我們遇到一些荒誕的問題，用一般的辦法從正面回答往往徒勞無益，但如果能將對方的外力作為背景，採用同樣奇怪的語言回答，以牙還牙、以眼還眼，就能起到意想不到的效果。當然，你要能自圓其說才行。

☑ 將錯就錯，不一定要以理服人

大千世界，芸芸眾生，我們接觸的不只是那些心地善良的人，也會遇到居心叵測之輩。面對這種人，不一定要以理服人，我們也可以借用對方的話來諷刺回去，但這種諷刺並非要你和他吵架，而是抓住他最醜陋的一面，揭露出他的真實面目。

英國有名木匠的兒子是著名詩人，詩人那滿腹才華和謙遜有禮的為人，使他受到英國上層社會的尊重。他從來不認為自己的出身是可恥的，也不忌諱人們談及這個問題。

有一天，一位富家公子來拜訪他，見面第一句話就問：「對不起，請問閣下的父親是不是一位木匠？」

「是的。」詩人坦率地回答。

「那閣下的父親怎麼沒有也把你培養成一名木匠呢？」富家公子故作不解地問，但語氣滿是嘲諷。

詩人並沒有立刻回答，而是好奇地問道：「閣下的父親應該是一位紳士吧？」

「那是當然！」富家子弟得意地回答。

「這就對了。我的父親沒能把我培養成木匠並不奇怪，您的父親不是也沒有把您培養成一位紳士嗎？」

富家公子頓時像敗下陣來的鬥雞，不發一語地離開了。

面對他人不友好的刁難，這種針鋒相對的諷刺是最具殺傷力的，一句話往往就會讓對方無話可說，因此，「以子之矛，攻子之盾」，會是最有力的武器。

 攻心，是先發制人的逆轉

《史記・孫子吳起列傳》有云：「善戰者，因其勢而利導之。」也就是說，在交戰中，每一步都要有周密的安排，引導對手一步步進入你預先設定的情境中，並且要能夠適應外部情形的變化，靈活地運用語言來控制對方，取得勝利。

我們在說服他人的時候，也不妨先發制人，掌握話語的主動權。《漢書・項梁傳》有一句話是「先發制人，後發制於人。」這句話的意思是在戰爭中的雙方，先採取行動的往往處於主導地位，能夠制伏對方，這種戰術在說服他人的過程中，也是屢試不爽的策略，現代人便經常採用先發制人的辦法來爭取主導地位。

美國溝通大師卡內基帶著愛犬雷斯到公園散步，有天他們在公園遇到一名員警，被員警訓斥了一番：「你怎麼能讓你的狗跑來跑去呢？還沒有替牠繫上繩子或是戴上防咬口罩？難道你不知道這是違法的嗎？牠可能咬傷小孩。這次我就不追究了，如果下次再讓我看到這隻狗沒有繫上繩子或是口罩的話，你就準備去跟法官解釋吧。」卡內基笑著答應了，因為他的確也想那樣做，但雷斯就是不願意戴上。

某天，卡內基和雷斯在賽跑，卡內基又看到那位員警站在遠方，雷斯更直接往員警的方向衝過去，這下卡內基沒法解釋了，但聰明的他決定

不等員警開口，就先發制人地說：「警察先生，這下你當場抓到我了，上禮拜你警告過我，如果帶小狗出來再不掛上口罩，你就會罰我。」

「好說，好說。」員警聲調柔和地回答，「我知道誰都會忍不住帶小狗出來玩。」

「確實是忍不住，可那樣是違法的。」卡內基回答。

「像這樣的小狗應該不至於咬傷別人。」員警竟然為卡內基開脫。

「當然不會，但牠可能會咬死松鼠。」

「你把事情看得太嚴重了。這樣吧，只要牠跑到我看不到的地方，事情就算了。」員警一派輕鬆地說道。

卡內基並沒有等員警開口才做出解釋，那樣可能會適得其反，所以他先承認自己的錯誤，給對方建立有擔當的好印象，最後順利開脫。

☑ **一步一步，順水推舟**

掌握了主動權，也不一定意味著你能獲得最後的勝利，因為你的對手可能會出其不意地殺個回馬槍，讓你沒有招架之力。那要如何才能在辯駁中處於不敗之地呢？這就需要你一步步誘導了。

戰國時期的齊宣王，好大喜功，他曾經在臨淄城郊建了一個方圓 40 里的獵場，豢養許多奇珍異獸供自己打獵，並禁止百姓前來此處打獵，違者格殺勿論。這項規定引起百姓的不滿，而且這個獵場已經很大了，但齊宣王還是不滿意，嫌它太小，想要擴建。

孟子來見齊宣王，齊宣王便向他透露覺得獵場太小，和百姓心中有不滿的情緒，問孟子：「當年周文王的獵場方圓 70 里，是嗎？」

孟子早就知道他興建獵場、濫殺百姓的事，所以立刻回答：「聽說是那樣。」

齊宣王接著問：「那他的獵場算不算大呢？」

孟子聽出齊宣王是嫌自己的獵場小，所以也順水推舟地說：「老百姓認為它小呢！」

齊宣王又問：「那我的獵場才 40 里，為什麼百姓就嫌它大了呢？」

孟子抓住機會說：「文王的獵場有 70 里，但與民同遊同獵，老百姓嫌它小這不是正常的嗎？你的獵場雖然只有 40 里，可如果有人捕殺其中的獵物，就處以重罰，百姓自然會認為它大了。」

從此以後，齊宣王再也不認為自己的獵場小了，也開放老百姓進入打獵。

孟子之所以能在這場暗示中獲勝，就是因為他能循循善誘，先順從齊宣王的心，然後再因勢利導地提出自己的看法，每一步都滴水不漏，終於圓滿地說服齊宣王。

☑ 順水推舟，以自嘲逆轉

美國第 16 任總統林肯長得不是太帥，據說還不是總統的時候，有一次他在森林裡散步遇到一位女性，對方劈頭就說：「天啊，你大概是我見過最醜的人！」林肯聽了只笑笑地說：「女士，也許你說得對，但我別無他法。」那女人反駁：「不，你可以待在家裡不要出門阿！」

還有一次，林肯搭火車時，有位其貌不揚的陌生人迎面而來，他突然掏出一把刀子說：「幾年前，有人叫我保管這把刀，說只要找到比我更醜的人，就轉交給他，現在，我想它是屬於你的。」可見林肯的外貌一直為人所恥笑，這聽起來或許誇張，但足以說明林肯的外表有多不討人喜歡。

林肯在競選總統時，對手嚴辭批判林肯的黑奴解放政策，說他對黑人友好，卻又不娶黑人為妻，根本是兩面人，但林肯僅心平氣和地說：「大家都說我長得醜，如果我真的是雙面人，我會用這張醜臉見人嗎？」

林肯一方面利用自己長相的缺點，藉著真誠的自嘲為自己解圍，一方面將雙面人延伸出去的「表裡不一」扭轉回來，回到「兩張臉」的基本認知，把話題從攸關道德的指控，轉到簡單的容貌問題，化解對手抨擊的力道，如此四兩撥千金，全憑順水推舟、一句話的智慧。

☑ 別贏了場面，卻輸掉人心

費了九牛二虎之力，終於贏得辯論的勝利，這時你是不是洋洋得意起來，忍不住乘勝追擊、得理不饒人呢？毫無疑問地，這確實能表現出你的口才了得，但你卻沒有意識到，你已在不知不覺中失去更重要的東西。

就像卡內基曾說：「你可能贏得辯論，卻輸掉了人緣。」所以，得饒人處且饒人，也是我們要遵守的原則之一，看看下面這則故事……

正值上班尖峰時間，擁擠的公車上，一個年輕人不小心踩到一個老伯的腳，年輕人馬上道歉：「對不起，我剛才沒注意到。」這老伯脾氣不怎麼好，生氣地回道：「你這麼年輕，眼睛就壞了嗎？還是想欺負我這個老頭子阿？」

老伯的話讓年輕人覺得很不舒服，本來還覺得抱歉，現在只想回嗆：「就是不小心踩到，我為什麼要欺負你？莫名其妙！」

這老伯更不高興了，又喊：「大家看吧！現在的年輕人說話都這樣，對老人家的態度也很差！」

年輕人的怒火被點燃，大喊：「你是怎麼樣阿，自以為年紀長就可以倚老賣老嗎？我還真沒看過像你這樣找麻煩的老人！」話才剛說完就往老人那衝，幸虧車裡其他乘客拉住他，才沒讓事情鬧得更大。

這位老伯就是典型的得理不饒人，其實從頭到尾只是件小事，最後卻惹得對方徹底不滿。我們在面對衝突的時候，即便得了理、得了勢，也應該得饒處且饒人，如果你咄咄逼人，那衝突只會被激化，對雙方來說都沒有好處。

好的人際關係除了需要你能讀取對方的心思外，和諧的氛圍更是你應該維持的。

Lesson 4

讓對方留下好印象

由你主動先攻

I 別忘了熱切的眼神接觸

你知道你的眼神向別人傳達了多少訊息嗎？心理學家認為，人的眼神能表達出 70% 的肢體語言。芬蘭心理學家做過一項實驗：將演員表現不同情緒的表情照片，剪裁成只保留眼睛部分的圖片，讓實驗者分辨它們所表現出的情感為何，結果實驗者答對的比例很高。

這說明了我們都能輕易解讀出眼神所遞的訊息，既然如此，何不反向操作，給出一個熱切的眼神呢？

美國加州大學心理學家曾做過這樣一個實驗：他讓患有強度自閉症的兒童與陌生的成年人見面，以觀測該兒童對看成年人眼睛的時間，而成年人組再分為「眼睛蒙起來」與「眼睛不蒙起來」的兩個對照組。

當心理學家將這兩種情況下所得的實驗結果做比較時，發現兒童注視前者（眼睛蒙起來）的時間，居然是後者（眼睛不蒙起來）的三倍。也就是說，在後者的實驗中，雙方的眼神一接觸，兒童會立刻移開視線。

由此可知，性格內向的人，大多無法一直注視著對方；外向的人則相反。而在兩性關係上，有些人在面對異性時，只看了一眼，便故意移開視線的人，其實多半是因為對對方有強烈的興趣才會如此。例如在捷運上，正巧走來一位年輕漂亮的女孩，幾乎全車廂的人視線都集中在她身上，但你會發現年輕男性通常很快便會將視線移開。

他們可能對那個女生非常感興趣，但內心會刻意壓抑住，驅使自己產生自制行為。我們都知道壓力反而會使欲望增大，所以這時候他們通常會斜眼偷看，想看卻又怕對方發現自己的心思。

教你攻心的眼神接觸

在人際關係裡，除了用詞美、聲音美之外，眼神的投射也很重要，如果談話的雙方面對面交談，那注視對方是一種最基本的禮貌，以表示對話題的興趣與對對方的尊重。但注視不等於凝視，像情人那般直勾勾地盯著對方或眼神在對方身上亂掃，這只會讓對方厭惡，甚至感到噁心，有話也說不出來。來看看究竟要怎麼做吧。

1 目光對上時要維持 5 秒

在交談中，一般我們視線停留在對方臉上的時間，大概佔了交談時間全部的 30 ～ 60%，過長會認為對談話者比對談話內容更感興趣；過短則被認為不管是對談話者還是對談話內容都不感興趣。

一般來說，5 秒鐘是大多數人在交談、眼神接觸時，覺得最自在的眼神停留時間，所以在對談中應盡量保留在 5 秒左右。

2 目光接觸時的焦點

一般情況，如果兩個人在室內面對面交談，那目光距離最好在 1 至 2 公尺之間，眼神注視在對方胸部以上、額頭以下的位置。談話時雙方眼神一定會正好接觸到，此時不必刻意閃躲，順其自然地慢慢移開即可。

如果是許多朋友在一起聊天，說話的人不能把注意力集中在其中一、兩個較熟的人身上，要照顧到現場每一個人。同時，跟誰說話或是有誰正在說話的時候，應該注視對方，讓對方感覺到你正在聽他講話，以示對聽眾的尊重。

要特別提醒的是，若你的談話對象是女性，請注意不要用你的眼神「由上到下」地掃視對方，即便只有幾秒鐘的時間，對方也一定會發現，這舉動相當輕浮，還會讓女性感到不愉快，一定要避免。

3 眼神的移動速度要注意

與人交談時，眼睛請注視著對方，眼神不要四處亂飄，不要像喜劇那樣，不小心就翻白眼，也不要心情不好就擺臭臉、瞪著對方說話。

眼神移動的幅度與快慢要有一個「度」，太快給人輕浮、不老實的感覺；太慢給人遲鈍、發呆的印象。我們雖然沒有像明星那樣的魅力，但可以學學他們充滿電力的眼神。

很多想學攻心術的初學者，常會誤認為攻心就是「瞎猜」，殊不知攻心看似猜謎，實則是靠判斷。有些初學者剛剛接觸攻心知識，就覺得自己無所不能，以為贏得對方的信任，就是要讀出對方的心事，並讓對方覺得：「我這個人很好相處吧！」如果以這種心態解讀的話，即便說中對方的心事，對方卻可能起疑，引起反效果，要避免這樣做。

2 站姿告訴了對方你在想什麼

好的站姿是我們在與人交談中必不可少的，站姿不僅能表現你的優雅，同時也洩露出你內心的秘密，因此，絕對不要小看站姿所透露出來的個人資訊。

像第一次兩個人獨處的約會，總令人期待又怕受傷害，對方的條件看來也令人滿意，你忍不住想：這次約會結束還有下一次嗎？試著仔細觀察他的肢體語言，有些線索會悄悄透露出你們有沒有發展下去的可能。

當我們面對自己感興趣或是覺得親密的對象時，常會不自覺地將身體正面轉向對方。如果是站姿，那對方身體重心所在的那邊，腳尖也會指向你的方向；如果是坐姿，上身則會微微向你的方向傾斜。

這樣的姿勢除了表現出對你感興趣外，也表現出一種信任，和願意與對方敞開心胸的好感。除非對方已經和你非常熟悉，否則如果對方向後靠著，或是雙手抱胸，那就代表他對你有所防備，或是不想與你太接近。

所以，你可以藉由對方的站姿來判斷你是否該進行下一步，利用站姿逆向攻心，也是可行之事。

1 怎麼站，給人的感覺最好？

我們多半都是站著與人交談，那怎麼站才是最標準的站姿呢？我們說最標準的站姿是上身挺直不駝背，頭擺正不歪頭，目光平視不亂瞄，下顎微微收起，若抬高下巴帶有挑釁意味，所以要避免，並記得面帶微笑。

另外，男性和女性的站姿也有所不同，一般來說，男性可以兩腳分開與肩同寬，雙手放在身體兩側，或是一隻手握住另一隻手腕，放在腰後，好比稍息的站姿；女性則可以兩腳呈丁字步站立，雙手交叉互握於身前，自然垂下。但要特別注意，不管是男性還是女性，以下幾點都應該避免。

- 說話時低頭或是抬下巴。
- 談話時把手都插在褲子口袋裡。
- 靠著牆壁、柱子或是撐著桌面站著，讓人覺得懶散外，更會讓人覺得你態度隨便。

2 站姿就是一種自我介紹

我們在談話中的站姿並非一成不變的，隨著談話對象和談話內容的改變，站姿也會發生非常多變化。心理學家研究發現，一個人的姿態往往會反映出他對人或事的態度，是心理狀態的「指標」。那不同的站姿又會展現出怎樣不同的心理狀態呢？

- 雙手叉在腰上：採取這種站姿的人富有高度的自信，對即將面對的事物有充分的準備，隨時可以投入其中。
- 雙腿交叉站立：表示對交談對象的觀點抱持著保留或是輕微抗拒的態度，但有可能只是感到拘束、缺乏個人自信等。
- 雙手插口袋：表示心思縝密、正在盤算某些事。但若是手插口袋，同時還彎腰駝背，則代表心情沮喪，可能遇到煩心的事。
- 喜歡靠牆站：這種人的優點是隨和、容易接納別人，缺點就是缺乏獨立性、遇事沒有主見。

- 手背在身後：是上司喜歡採取的站立姿勢，這種人自信心很強，喜歡掌握局勢，控制一切。
- 腳併攏，雙手交叉在前：謹慎，追求完美，雖然表面看似缺乏進取心，但韌性很強，是屬於平靜而頑強的人。
- 女性雙腳呈現內八站立：說明態度已經發生軟化，柔和起來。許多女性擔心自己顯得好勝心太強時，往往會採取這種站姿。
- 男性有意無意地用手遮住重要部位：這是防禦性動作，說明內心忐忑不安，準備遭受批評和反對。
- 談話時不斷改變站立姿勢：性格暴躁，經常處於緊張狀態，喜歡接受挑戰，是行動主義者。
- 談話時將手交叉在胸前：性格堅強，不輕易向困境低頭。重視個人利益，與人交往時經常擺出一副自我保護的姿態，拒人於千里之外，給人難以接近的觀感。

3 看對方怎麼站，決定是否交談

既然不同的站姿能反映出不同的心理狀態，那我們在與人的交談之中，若能解讀對方的站姿密碼，你也許會有更圓融的人際關係。

假設你走近正在談話的兩名同事之間，試圖加入談話，主動和他們打招呼，但不確定他們是否希望你加入這個話題，這時只要注意他們的腳和身體的動作就可以了。

如果他們移動了腳和身體方向，朝向你這邊，那恭喜你，他們歡迎你加入話題；如果他們的雙腳或身體沒有移動，只是簡單跟你打招呼，這時你最好識趣地離開。同樣的道理，我們都會想離開不喜歡的人事物。如果你和某人交談，雖然他臉上帶著微笑，也頻頻點頭，但他的身體已經轉向其他地方，或是腳尖朝向別的方向，眼睛也盯著別的地方，更甚者，不時地看一眼手錶，請馬上停止談話吧，因為對方已經表現出厭煩。

4 讀他性格，看他怎麼坐

例如跟對方坐在一起的時候，憂鬱或失望的人往往會出現癱坐在椅子上的坐姿；面對你而坐的人，比與你並排而坐的人，更希望得到你的理解等等，而坐姿也能分析出對方此時的情緒為何。

如果一個人坐下時，腳很規矩地靠在一起，雙手又分別放在雙腿上方，那表示這個人是思想保守、做事較固執的人。

如果一個人雙腿交叉而坐，手放在膝蓋上，那就說明這類人不會輕易表露出自己的真實情緒，外表也會顯得過於冷酷。因為他們做出這種姿勢，就是為了控制自己內心不穩定的情緒，將自我隱藏起來，避免別人注意到自己的弱點。

又如果一個人坐著時雙腳張開，雙手卻是動來動去，不能固定在一個地方，這就表示他們的性格較為外向灑脫，不拘泥於繁瑣的小事，他們不會過度守舊，會盡量從新的觀點嘗試，即使失敗了也不會在意。

只要我們在談話中注意、觀察對方的姿態，就能發現他們的性格有何不同。

同理，以上的判斷方式並不侷限於愛情關係，舉凡工作、家人、朋友、客戶之間的關係皆適用，學會解讀對方的動作密碼，更能讓你「識時務者為俊傑」，打造良好的人際關係。

3 談話中，用手勢掌控局面

手勢是使用率最高的肢體動作，由於雙手的活動幅度最大，使用最方便、最靈巧，變化自然也最多，因此我們手勢的表現力與吸引力也最強烈，能表現出較大程度的情緒。所以，不要小看對方的手勢所能掌控到的群眾力量。

二次世界大戰期間，英國首相邱吉爾在結束電視演講時舉起握拳的右手，然後伸出食指和中指構成「V」字，以象徵勝利的英文（Victory）的開頭字母，激起民眾高聲歡呼，因此這手勢又被稱為「勝利手勢」。

直到現在，很多人拍照時也習慣比出V字手勢，也有不少人會開玩笑地比出「反V」手勢，即手背朝外，手心向內的版本，但「反V」卻是不雅的動作。

原本「V」字手勢源於英法百年戰爭的阿金庫爾戰役，因為法國人揚言將砍掉英國弓箭手的中指和食指，讓他們無法張弓射箭，但後來英軍卻打敗了法軍。勝利之後，英國人伸直中指和食指，掌心向內，向法國俘虜示威，意思是：「我們的手指頭是完整的。」這個動作後來延伸為羞辱對方的意思。

邱吉爾在二次大戰期間經常以「正V」來表示必勝的決心，但在戰後的政治生涯中卻常以「反V」來侮辱政敵，因此「反V」代表著不雅之舉。

雖然現在V字手勢已經不怎麼流行了，看看時下年輕人的照片，更多是嘟嘴、扮鬼臉，但在邱吉爾的年代，V字手勢代表的是剪開二戰的黑暗，可見手勢的力量有多強大呢？攻心者可不能錯過這樣藉由手勢主導的攻心技巧。

① 手足無措時，學會這樣做

在說話時，因為心理作用關係，會覺得我們的手不管放在哪裡都不對勁，既然如此，就順其自然吧！如果你站在講台上，那你可以將雙手自然地放在講桌台上的左右兩側。如果不是講台的話，就可以將雙手自然地垂在身體兩側，或者讓雙手握著麥克風，將雙手置於胸前，但要注意麥克風的收音。

記住，無論在什麼情況下，都不要把手放在你的褲子口袋或把手背在背後，這可以讓你感到安心一點。

② 聽眾多時，這些手勢大加分

筆者整理了一些說話手勢，讓大家在說話時可以加上一些有助力的手勢，為你的表現增添幾分說服力。

- 上天式：掌心向上，拇指張開，其餘幾指微曲。手部抬高表示歡欣讚美，手部呈自然水平高度，表示誠心徵求聽眾意見，希望得到支持；手部降低表示無可奈何。
- 下地式：掌心向下，這是需要抑制觀眾情緒時，控制場面時所做的手勢。
- 手刀式：手掌挺直全部展開，像手刀般往下劈，表示果斷、決心、快刀斬亂麻等。
- 啄手式：手指併攏呈束狀，指尖向著觀眾。這種手勢具有強烈的針對性、暗示性，但容易形成挑釁、威脅。

- 壓下式：五指稍彎、分開，手掌一下一下地向下壓。當觀眾情緒激動時，可以用此手勢平息。
- 撫身式：五指自然併攏，放在身上某部位。大多會把手放在胸前，是蠻多演講者習慣的手勢，表示沉思、謙遜、反躬自問。如果摸頭則表示懊惱、回憶等。
- 揮手式：手舉過頭揮動，表示致意或興奮，若是雙手同時揮動，則表示熱情。
- 握拳式：單手或雙手握拳，平舉胸前，表示示威、報復。高舉過肩、揮動、直擊或斜勾拳，表示憤怒、吶喊等。這種手勢有較大的排他性，不適合多用。

3 攻心，越簡單的手勢越好

簡單就是最好，簡單就是手勢不能多，揮來揮去會讓對方感到厭煩。讓我們看看下方這則故事。

丹尼走進森林，碰到一位看似部落巫師的老人，二人語言不通，只能「比手畫腳」。那位巫師先伸出一根指頭，丹尼回了兩根指頭；巫師伸出五指，丹尼伸出拳頭，巫師笑了笑便離開。

部落的人問巫師是什麼意思，巫師說：「我伸出一根指頭，說你一個人來啊；他伸兩根指頭，說是兩個人。我伸出五根指頭告訴他，路過這裡平安無事是神靈在保護他，要跟我一起祈禱五次，但是他卻握緊拳頭說祈禱過了。」

另一邊，丹尼的朋友問他發生什麼事，他卻說：「這巫師伸一根指頭，要我們獻上一個人，我伸兩根手指告訴他，我才要殺一雙。他又伸出五指想打我一巴掌，我就告訴他我會回敬他一個拳頭。」

這故事一方面說明手勢可以表達多種含義，另一方面也告訴我們手勢不能完全代替語言。因此，在交談的過程中，應該合理地借助手勢來傳遞資訊，否則不僅沒能有效表達，還分散了別人的注意力，畫蛇添足。

手勢是肢體語言的重點表達之一，手勢變化多，能表達出的內容豐富，具有非常強的表現與吸引力。我們或許已經表達得很清楚，但我們的手卻從頭到尾平放著，這樣豈不是件很可惜的事情嗎？利用手勢，能輕鬆掌控對方的心，甚至是多數人的情緒。

4 從言談和簽名筆跡掌握客戶的心

對許多銷售人員來說，最常感到苦惱的事情，並不是客戶抱怨服務不周、對商品百般挑剔，而是無法確實掌握客戶的購買意願，進而難以判斷該用何種方式刺激客戶購買。

事實上，無論人們的成長背景、生活經驗、性格存在著多大的差異性，對於「接受」或「拒絕」的行為反映，通常具有普遍性和一致性，因此透過觀察客戶，可以推敲出他們對商品的看法與購買意願，這也是攻心術能加以使用的一環。

從客戶的回答和動作分析心理

當客戶主動提問某些商品的基本問題後，對於銷售員的回答卻顯得意興闌珊時，這多半意味著客戶持以敷衍心態，此時銷售員若能說出商品特殊的賣點，便能夠激起客戶的購買欲望。

而當客戶在聆聽商品介紹後，頻頻說出肯定或贊同的詞句時，經常會讓銷售人員誤以為客戶對產品充滿高度興趣。但事實上，若客戶對商品沒有任何看法，或是沒有進一步提問更多問題，都代表其購買意願極為低落。

當客戶在賣場裡左顧右盼，偶爾會在某些商品前短暫停留，這通常代表客戶沒有購買特定商品的打算。此外，如果客戶動手翻弄商品，但察覺銷售員準備上前招呼時，又會直接閃躲或掉頭走開，多半意味著客戶無論是否有興趣，都不希望銷售員在旁詢問或介紹，因此我們最好保持適當距離，避免打擾到客人，使他們在購物時充滿壓力。

諸如各種情況，銷售員若能先行掌握消費者的心理，便能有餘裕地進行處理。你可以試著這麼做。

① 看看客戶試用商品的反應如何

在試用商品時，客戶若不發一語，微微蹙眉，只是反覆翻弄商品，多半表示客戶內心有所不滿。而客戶沒有頻頻翻弄商品，但眼神專注，神情柔和略帶笑意，臉部線條放鬆，通常意味著客戶對商品感到十分滿意。

② 注意客戶商談時的動作

與客戶商談時，當客戶睜大雙眼，正襟危坐，身體微微向前傾，表現出要立即採取某些行動的樣子，多半代表對方具有強烈的購買意願。

與此相反，當客戶表現得有些坐立難安，頻頻看手錶，通常代表對方正在壓抑起身離座的衝動，並試圖以肢體語言暗示銷售員終止談話。此外，當客戶採取開放意味濃厚的坐姿，把手指展開並放在膝蓋上，通常代表對方抱持著真誠溝通的心態，並且購買意願強烈。

③ 觀察客戶臉上的表情

當客戶展露輕鬆笑容，態度熱情，並且正眼注視銷售員時，意味著對方的購買意願相當強烈；當客戶面帶笑容、臉部肌肉放鬆時，代表他考慮採納銷售員的建議。

但如果客戶眼神向下、臉部轉向旁邊時，表示他不考慮購買商品，抗拒銷售員的解說。值得一提的是，若客戶的神情愉悅、態度客氣親和時，反而是拒絕的信號。

客戶主動問你意見時

當客戶挑選商品時，主動詢問店員「這款式好看嗎？」、「這顏色適合我嗎？」等問題時，通常表示客戶具有強烈的購買意願，因為從某方面來說，這類問題對銷售員沒有實質意義，他們只要提供正面的答案，並適時強化客戶的購物欲，大多能順利成交。

客戶索取商品 DM

有些客戶會主動向銷售員索取商品資料，但是在這看似「我想要了解商品」的動作背後，通常隱含了兩種心態：其一是客戶不想花時間與銷售員周旋，也無意再聽取其銷售說詞，因此希望藉由索取商品資料來終止談話；其二是客戶不信任銷售員的介紹，寧可自己研究商品資料辨別真假，然後再自行決定購買與否。

從簽名字跡看穿客戶性格

在工作職場或日常生活中，每個人都有在文件資料上簽字署名的經驗，我們也不難發現每個人的簽名字跡千姿百態，各具特色，讓人想起一句老話：「字如其人」，意思是說一個人的字跡與其心理狀態、人格特質存在高度的關聯性。

在心理學領域，筆跡學已被視為分支學科，這意味著藉由分析一個人的字跡與書寫風格，將可獲知對方的內在性格特點。所以，你可以試著留意身邊同事、上司或客戶的簽名字跡，觀察看看文字線條是否真能反映出他們的性情特質。

1 簽名簽得大又明顯

習慣將名字簽得大又醒目的人，多半具有強烈的表現欲望，並希望時時留給他人好印象，他們的性格外向熱情、不拘小節，興趣十分廣泛。在工作事務上，他們不乏大刀闊斧的做事魄力，也樂於延攬諸多工作任務，但其缺乏精益求精的精神、耐心薄弱，對自我要求較低的缺點，有時會讓他們的工作表現不如預期。

此外，他們遇到困難時，不免會有臨陣退縮或是產生放棄的念頭，而這種消極的態度也導致他們做事較容易半途而廢。

2 簽名簽得小，又不引人注目

偏好將名字簽得較小的人，通常不喜歡引人注目，行事作風較低調內斂，一來是因性格內向，二來是因自信心不足，有時甚至會習慣性地自我貶低，認為自己是個沒有影響力的小人物。

在工作上，他們做事謹慎細心，具有優秀的專注力與自我控制力，雖然不會積極力求表現，但會盡力完成份內工作，不過細膩的心思有時也讓他們設想太多，遇到挫敗時，若心胸不夠開闊，很容易鑽牛角尖。

3 簽名筆畫往上飛揚

簽名時會讓字跡的筆畫線條不斷往上飛的人，不但擁有雄心壯志，對於自己的能力也滿懷信心。

在工作上，這類型的人屬於謀定而後動的理性務實派，習慣在事前進行縝密的思考，制定確實可行的計畫方案，以便採取萬無一失的行動。此外，他們的意志堅定，耐力與毅力十足，即使面對艱困的工作任務，也不會輕言放棄，因而常被視為富有「鬥士精神」的夥伴。

4 簽名筆畫向下撇

簽名時，習慣讓字跡的筆畫線條向下的人，多半抱持消極的人生觀，欠缺自信心。在工作上，他們較缺乏耐心與抗壓性，連帶也欠缺承擔責任與自我挑戰的勇氣，倘若遭遇困難與挫敗，很容易心生逃避。

5 簽名之後畫底線

習慣在簽名後畫上底線的人，多半較圓滑世故，行事風格沉著穩重，在工作上，他們凡事深思遠慮，並且會記取經驗教訓，甚少莽撞行事；此外，如果底線的筆觸強勁，往往代表著他們具有「為達目標，在所不惜」的性格特質。

6 簽名習慣加上句點

簽完名習慣加註句點的人，通常具有謹慎、自信、負責的性格特點，工作時，他們做事細心嚴謹，習慣依循既定的模式，但在遇到突發狀況，事情失去控制的時候，他們也能快速思索出恰當的解決方案。

在人際關係上，他們謹慎的優點有時會變成多疑的缺點，甚至為此苦惱不已，一旦發現他人對自己有不利的行動或意圖時，他們就會毫不猶豫地結束與對方的關係。

綜觀來說，一個人的簽名字跡經常投射出他的性格特色，無論是文字線條的舒展緊收，還是字體結構的寬鬆緊密，都與書寫者的生活經驗、教育程度、社交關係有著明顯的關聯性。

因此，透過分析他人的字跡，我們能觀察出對方的性情與偏好，了解其優缺點，使雙方在工作上能夠相互配合得順利，並提升良好人際關係。

一般來說，銷售員不僅得面對眾多客戶的需求，也必須設法解決各種合理與不合理的拒絕理由，而如何刺激客戶的購買欲望，便是決定成功銷售的關鍵。換言之，銷售員唯有透過觀察客戶的臨場反應，進一步讀取客戶的消費心理，看穿客戶的內心想法，才能擬定有效的銷售策略。並懂得善用時機向客戶強調商品特色，激發他們的購買欲望，進而提高購買意願，達成銷售目的。

所以，銷售員應該要以「創造期望」為重心，這就好比安慰劑效應，當受試者觀看一支能量飲品的廣告後再請他們飲用，這時偵測到他們的生理機能被大大激發，其實他們喝的飲料根本只是加了香精的開水而已。

影響購買決策的因素不是人的理性，人是不理性的動物，只要商家祭出點小優惠，就很容易被牽著鼻子走，因此，一切商業的問題最終都是人的問題。

5 職場未爆彈，就要這樣看

有些人將職場比喻為都市叢林，形形色色的人互相較勁，時而競爭時而合作，若非錦上添花，就是落井下石。

每個人的生活都難免會遇到小人，他們的行徑有時可能只是使你感到情緒上的困擾，但有時卻會阻礙你的工作發展，最惱人的是，你不一定知道誰是最有可能暗箭傷人的小人，自然無從防備應對，但不用擔心，這小節就要教你如何看出職場小人。

用攻心術讓小人現形

正所謂「知人知面不知心」，人們的善惡品行未必會表現在臉上，但只要仔細觀察對方的言行舉止與待人處事的風格，以及其他不經意流露的小細節，仍是能讀出對方的心思，提高正確識人的機率，避免落入誤將小人當知己的窘境。

小人既然是小人，自然是一般人難以辨別出的狠角色，無論是表面上對你態度和善，私底下卻戳你好幾刀的真惡魔；還是好心幫助你，但卻在上司面前大搶你功勞的雙面人，在生活、職場上，諸如此類的小人難以盡數，讀者朋友不能不慎。

那麼哪些人可能具有小人潛在特質呢？仔細留意你周遭的同事是否有以下症狀，只要有人經常出現其中可疑的行為表現，你就得提高警覺了。

① 很會說話討好他人的同事

有些人平日待人和顏悅色，話說得很動聽，但卻不帶誠懇，這類型的人通常口齒伶俐、能言善道，給人知識淵博、閱歷豐富，善於表達的好印象。但也因為他們懂得如何以言語討好他人，並藉此營造出個人的良好形象，一旦心術不正，就很容易流於虛浮誇大、不切實際，甚至做出表裡不一的事情，例如人前對你讚賞有加，背後卻大肆嘲弄批評，因此與這類型的人相處時，應多加留意他們是否有「華而不實」的弊病。

② 不懂裝懂，不問他人的同事

這些人遇到自己一知半解或毫無頭緒的事情時，首先想到的不是請教他人，而是不懂裝懂、故作聰明，這類型的人多半具有自卑心理，不僅十分在意外界的評價，也深怕自己被他人嘲笑，因此做任何事情都會先顧慮他人的眼光，愛面子又逞強。

但在工作上，這種故作聰明的弊病，有時會連累共事的工作夥伴，甚至讓公司蒙受巨大的損失，因此若與他們共事，一旦發現他們又犯了不懂裝懂的毛病時，就應清楚告知其正確的工作流程，但在溝通技巧上要多加留意，以免他們惱羞成怒，徒增摩擦。

③ 習慣附和他人，不表態的同事

今日的資訊流通快速，在面對各類訊息時，就需要格外保持獨立思考，以理性務實的態度辨識、過濾訊息的真偽，但有些人往往欠缺自我主見，習慣附和他人、人云亦云，並善於將他人的想法引為己用。

這類型的人若無真才實學，便容易成為模仿能力極佳的「鸚鵡」，因此在與他們共事時，應留意對方是否有「剽竊他人的構想或理念，用以蒙騙不知情的人」的惡習。

 愛比較，經常有口舌之災的同事

有些人動不動就喜歡與人比較，小從衣著服飾、大到工作成就，都會拿出來評比一番，這類型的人容易受到外界影響，內心也常因「比較」而產生不滿與嫉妒。

長久下來，他們便養成貶低他人以抬高自己的習慣，有時也會因忌妒他人而惹出口舌之禍，甚至惡意散播流言，希望藉此打擊他人。因此，與這類型的人相處時，最好不要附和他們對旁人的議論，應保持適當距離，避免惹禍上身。

5 假博學，不知其真實性的同事

博學多聞的人經常給人見多識廣、饒富智慧的正面印象，但在彷彿「無所不知」的形象背後，極有可能隱藏著駁雜不精的弊病，尤其是賣弄自身學識的人，更容易有誇誇其談的傾向。

這類型的人常會為了獲得他人的讚賞，而壯大自身的自信心或賣弄能力，獲得他人的信賴，但如果存有私心歪念時，便有可能假借博學之姿，行招搖撞騙之實。因此與他們相處時，應審慎判斷他們的言論有幾分真實性，不宜完全採信。

6 裝笨，經常請求協助的同事

工作職場講求分工合作，同事間也常需要互相幫助，但有些人會故作笨拙，主動請求他人的協助，或是藉故拜託他人幫忙完成份內工作。

剛開始時，不少人會基於同事情誼欣然協助，可是不久之後便發現，

對方只是將不想做的事情推給別人。這類笨拙的人，往往看似溫和有禮，但實際上相當精明狡猾，一有機會就想佔人便宜，不僅無法與人共患難，有福也是自己獨享，因此在與這類型的人共事時，應牢記彼此的職責劃分，並適時拒絕對方不合理的請託。

常言道：「防人之心不可無。」然而，與其被動地堤防身邊的小人，不如主動辨識誰是最有可能懷有惡意的小人來得心安，積極地因應、明哲保身，而這也正是識人、讀心的真正意含：「不被事物的表象所迷惑，透過現象來看透真相。」

6 讀出小動作背後的真話

依據心理學家的研究顯示，人們在日常生活中的各種習慣性動作，經常會投射出個人的真實性格，這意味著每個人的心中所想、性格特點、個人偏好都會在舉手投足間表露無遺。

尤其習慣性動作是在長時間下培養而成，具有高度的穩定性與濃厚的個人色彩，往往很難在一時之間就改過來。因此在日常生活中，若能仔細觀察他人的習慣性動作，將輕鬆看出對方真實的內在性情。

有一次，心理學家佛洛伊德為一位女性進行諮詢，這位太太鉅細靡遺地描述她的婚姻生活有多麼幸福，只是有點不滿而已。

但眼尖的佛洛伊德注意到，她在說話的時候，總不自覺地轉動戴在指間的結婚戒指。佛洛伊德頓時明白，這位女士的婚姻生活並不如她所言那般幸福美好，佛洛伊德更大膽推測她或許根本就不珍惜自己的婚姻。

過沒多久，這位女士跟先生的婚姻果真出了問題，得知此消息的佛洛伊德絲毫不覺得驚訝，因為當初在諮詢的時候，她把玩婚戒的動作已經將她的心裡話表露無遺。

當我們在學會說話、學會表達清楚自己意思的時候，很容易在言談之間出現一些反射動作，所以我們要注意，若你說的話跟內心想的不一樣時，你的肢體動作往往會露出馬腳。

聰明人都知道看動作，而非聽話

我們平常說話的時候，不可能總像在升旗典禮一樣，每個人都身體筆直，眼睛直視著前方。我們說話時總會隨著自己的情緒起伏，出現一些輔助性的肢體動作，這樣的動作能在無意間透露出你內心的想法，你從小養成的不良習慣也可能在一瞬間展現出來。

許多研究結果都指出，動作往往更能表達內心真正的想法，因此當看到對方說話的動作不怎麼一致時，聰明人往往會看動作，對方的話僅當作參考，因為說話容易掩飾，但動作就沒這麼簡單，無法「隨心所欲」。

1 無心小動作，摧毀形象大問題

孔子先生說：「非禮勿視，非禮勿聽，非禮勿言，非禮勿動。」華人一向自豪於「禮儀之邦」的稱號，所以我們在學攻心技巧的時候，更要將禮貌置於首位，請說有理之言，不做無禮之舉。所謂的無禮之舉，就是你獨自一人時才會展現出來的壞習慣，像抖腳、咬指甲、玩頭髮、抓鼻子等，這些動作不但不雅觀，還會被誤解為沒有在聽對方說話。

2 說話時，經常搖頭的人

就身體語言學而言，點頭或搖頭經常是用以表示對事件的認同或否定，而在談話中會習慣性搖頭的人，通常善於把握機會表現自己，但強烈的自我意識有時會導致他人的不快，因此人際關係較不穩定。

這類型的人處事積極、意志堅定，只要設定好工作目標就會全力以赴，在言談的過程中，他們比較不會因為外在環境的影響而動搖心意，對於自己的立場或想法也會有所堅持，有時甚至會為了讓事情符合他們預期的結果，而採取「不達目的誓不罷休」的行動。

3 說話時，經常點頭的人

與人談話時，會習慣性點頭的人，多半具有善解人意、體諒他人、熱心助人的性格特質。在日常生活與工作上，他們也能尊重他人，同時樂於向他人伸出援手，因此在團體中頗受歡迎與信賴。

這類型的人在遭遇困難或問題時，除了會盡力尋求解決方法外，也會試圖在能力範圍內排除障礙，而這也讓他們在與人交涉時懂得進退，不以自我為中心的態度與人對話。更進一步來說，無論雙方立場是相反還是相同，他們都願意聆聽對方的談話內容，並會針對問題深入思考。同時，他們會以點頭等方式向對方示意，讓對方感受到尊重；對他們而言，與他人針鋒相對未必能尋求出最好的解決方案，唯有營造良好的談話氣氛，才有助於友善地解決問題。

4 說話時，手開始摸後頸的人

一般而言，手摸後頸的動作被稱為「防禦式的攻擊姿態」，當遇到危險時，第一時間的反射動作就是以手保護頭部，但在防禦式的攻擊姿態中，由於防禦動作帶有偽裝意圖，因此手部不會放於頭部而是頸後。而習慣在言談間手摸後頸的人，多半是藉此掩飾自身情緒，他們的內心往往正處於懊悔或惱恨的狀態。

5 習慣摸頭髮、捲頭髮的人

習慣在言談間撫弄頭髮的人，多半具有愛恨分明、嫉惡如仇、勇於冒險的性格，鮮明的個性經常會吸引他人的注意。

這類型的人處事大方，善於處理人際關係，遇到困難時也懂得掌握對自己有利的機會，但他們有時會以調侃他人為樂，進而被視為欠缺內涵修

養的人物。

⑥ 攤開雙手掌心的人

與人交談時，有些人會為了表現自身的真誠與開明，攤開雙手掌心的動作向他人示意，但在某些情況下，有些人會以攤開雙手掌心表示自己的無能為力。

例如事情發展超乎預期，或是外在情勢開始朝著不好的走向，在他們苦無解決之道時，就會以此動作向他人傳遞「我也無可奈何」的情緒。

⑦ 說話時，經常用手摸鼻子的人

這種時候他可能正在說謊，因為人在說謊時會下意識地想遮掩，覺得鼻子癢想抓或是想碰觸鼻子等等。

⑧ 說話時，喜歡抓頭髮、摸耳朵的人

一般來說，心思較為細膩，甚至敏感、神經質。別人看來無關緊要的事，在他們看來就是件不折不扣的大事。

⑨ 說話時，一直比手畫腳的人

習慣在言談之間比手畫腳的人，通常感情豐富，經常會因情緒激昂而有誇張的手勢，這也導致他們常因急於表達自己的情緒，而忽略了他人的感受，加上爭強好勝的心理，很容易讓人覺得他們處事過於強勢，所以人際關係比較不穩定。

10 說話時，一直玩手指的人

健談、精力旺盛、喜歡鑽牛角尖。這種人大多是多愁善感，對人對事都很極端，如果喜歡，他會不惜一切代價去追求；如果討厭，那無論多大的誘惑也打動不了他的心。

11 說話時，一直無意識抖腳的人

表示說話者內心煩躁，對談話內容不耐煩；或是相當緊張，急於想擺脫這種狀態。

與人交談時，舉止要自然不粗俗，因為一個人的個性、品味、態度都能透過小動作輕易被別人讀取。現在，多數人自豪不拘小節的個性，把自己過於隨性的行為當成小事，但這樣的觀念是不正確的，有個性沒有錯，但不能讓別人感到不舒服，更要看人事時地物來待人處事，仔細想想，你有什麼不好的小動作嗎？調整它吧，反將一軍那些從小動作讀取你的人。

加上，只要仔細觀察與推敲他人的習慣性動作，就能發現這些行為是對方內心需求的表現及性格特色的投射。

而無論是在日常生活，或在洽商談判的過程當中，若能善用觀察力，並提高自身的應變能力，就能掌握對話者的內心變化與真實性情，有效地擬定適切的交談策略，也有助於你的目的順利達成。

7 阿諛奉承也能讓人有好感

讓人對自己產生好感，並不是要你去拍馬屁或鞠躬哈腰。我們每個人都時常會關心一個問題，那就是「要怎樣才能讓別人喜歡我呢？」心理學家馬斯洛所提出的「想得到認同（受與歸屬需求）」、「想被別人喜歡（尊重需求）」，這些渴望是每個人都會有的心理現象，我們若能好好利用這個心態，便可以達到自己的目的。

即使獲得別人的喜歡，對自己來說，也許沒有什麼實質上的好處，但人還是渴望別人能喜歡自己。因此，如果能得到別人的喜歡，同時還可以獲得其他好處的話，那這種「需求」會直線上升也是很自然的事。

如果上司和同事喜歡自己，工作就能進行地較順利；如果下屬喜歡自己，那在管理上就不會有問題；如果客戶對自己抱持好感，就會向自己購買產品……這一切都會有好處隨之而來。坊間之所以充斥著「讓他人喜歡自己的座談會」、「如何博得他人好感的教戰守則」這類的指引，就是因為大家善於利用這點。

而這種讓別人對自己產生好感的攻心術稱為「阿諛奉承法」，在職場關係中，此招式是最適合下屬使用的一種技巧。

阿諛奉承法的定義非常簡單，大部分的人都曾有過這類的經驗，然而也正因為如此，誤解也最多。這個主題最大的問題就是，大家總會有「奉承就等於拍馬屁」的觀念，一提到奉承，大家馬上就會聯想出一副點頭如搗蒜，還帶著滿臉不自然笑意的樣子。

因此，就算再想讓別人喜歡自己，一定也會有很多人心裡想：「我才不做那種事！」、「如果一定要那樣的話，那我寧願讓別人討厭！」但其實這只是奉陳阿諛法中的一小部分而已，而且還是效果很小的一個方法。

所以，希望讀者朋友也能跟著一起學習如何不必卑躬屈膝，便收到良好效果的方法，讓你四處討人歡心。

相似度越高，越有好感

所謂「物以類聚」，是指我們會對和自己類似的人特別有好感。當然，這裡所指的類似，並不單是外貌，而是意見、興趣或價值觀。這在心理學上稱作「態度的類似性」，是一種同意對方意見的方法，也在科學上做了實驗的證明。例如，在某個實驗裡，被實驗者先看過某位虛構人物的意見（例如喜歡的小說），然後再回答對這位虛構人物的喜好程度。

但其實這些被實驗者的意見，早已在事前做過調查了，而虛構人物的意見，也被設計為「符合」被實驗者的意見，與「不符合」兩組。

結果很明顯，被實驗者的意見與虛構人物的意見越相近時，他對他的好感就越高。學者認為，當對方的意見和自己相似時，會讓我們覺得自己的意見是「正確的」，我們也會更加喜歡這個人。因此，我們可以好好善用這樣連當事人都沒發現的心理特色。

☑ 人都不喜歡和自己意見相左的人

其實，這和「認可和自己意見雷同的人」的概念相同。例如當我們和身分地位比自己高的人相處時，總會不自覺地驅動這種概念，我們時常可聽到「完全正確！」、「我也這麼覺得！」、「這一點都沒錯！」之類的回答，就算心裡想的其實是「才怪！」或「我們看法才是正確的！」但在地位比自己高的人面前，這種話總是很難啟齒。

反之，這也是因為我們早已從經驗上得知「人們總是不太喜歡和自己意見相左的人」這個道理的緣故。

☑ 適時提出反對意見，加強可信度

那只要我們凡事都順著別人的意見就行了嗎？當然不是，對方又不是沒有用腦的人。如果你老是說：「沒錯，你說的是。」對方會覺得你只是在敷衍他，更糟的是，對方還可能會認為你是個完全沒有主見的「草包」，所以，要說「沒錯，你說的對」這句話也需要一點訣竅。

第一個技巧就是「適時地提出反對意見」。適時地提出異議，增強贊成時的可信度，也就是說，總把「是」掛在嘴邊的人，就算說「是」，別人也不太會把他當一回事；然而對一個有時候仍會說「不」的人，如果說了「是」，那他能得到的信賴將完全不同。

但這也不是要大家隨隨便便就說「不」，說「不」的時機相當重要，記住一個原則：「在細微的小事上說不，在重要的大事上說是」。

第二個技巧叫做「讓步」。一開始先和他唱反調，然後再慢慢同意他的想法，重點在於讓對方覺得「你被他說服了」，這比一開始就說「是」的可信度要大得多。最重要的是，對方會有一股「總算說服他了」的滿足感，這能大幅提高他的自尊心。

原本是反對自己意見的人，但最後卻因為能說服別人和自己站在同一陣線上，這時候對你產生的好感度鐵定會達到巔峰。例如……

員工：「老實說，我對經理的某些看法一時還難以接受。」

（經過經理說明之後）

員工：「原來如此，的確，經理您會那樣認為，有您的道理。」

（最後）

員工：「我明白了！聽您的說明，我也覺得自己有不夠好的地方，我會再做一次調查，然後向您報告，謝謝您的高見！」如此，對方肯定會對你產生好感。

☑ 利用第三人來讚美對方

想讓人有好感，「讚美」也是一種辦法。讚美很容易就和順從他人意見的行為混為一談，但所謂順從他人的意見，消極所佔的層面比較大，而讚美則是主動出擊，積極地去挖掘別人身上的優點，在這一點上，兩者有很大的不同，但也正是如此，這一招顯得比較困難。

利用第三者，不當面讚美對方，透過第三者迂迴地讚美。例如當著經理的面說：「經理，您真是領導有方啊！」不如透過別人在他面前說：「我常聽別人說經理真的很會帶人。」這種間接讚美法，不但可信度提高，而且也不容易讓人覺得你在拍馬屁。

當你想讚美經理時，就利用和經理同輩的人，或是同一部門裡的前輩、同事、下屬等，在他們面前不經意地透露出你對經理的佩服之意，這種方法滿有效的。

☑ 讚美別人不常讚美之處

這個道理就好像有一位美女，大家每天都誇她長得漂亮，久而久之她就聽得沒感覺了，所以，當你想去讚美她時，就要讚美她的內在才行。如果是幹練的經理，就讚美他溫和且體恤人的這一面；反之，如果是溫和的經理，就讚美他處事俐落的一面。這麼一來，對方會驚訝於你竟然發現其「不為人所知的長處」，也因此對你更有好感。

以上介紹了種種阿諛奉承法的技巧與訣竅，但整體而言，阿諛奉承法有一個很大的問題點，那就是如果使用不當，只會讓人覺得你是個喜歡拍馬屁的人，所以判斷逢迎拍馬的時機十分重要。

不要在自己走頭無路時才奉承別人，必須平常就適時地做些表現。電視劇裡也時常會出現一種腳色，這種人平常什麼努力也不做，一旦到了緊要關頭，便一副巴結諂媚的嘴臉，這種人不但得不到任何成效，反而還會製造出反效果。

其實在平常上班的時候，便有許多讚揚他人的機會；如果能時刻多加留心，不斷做些小事來累積，「聚沙成塔，滙江成海」，相信會有良好的效果，這也是阿諛奉承法的優點之一。

還有一點相當重要，就是阿諛奉承法並不是教人「陽奉陰違」或「卑躬屈膝」，而是「如何使對方有好心情，以便能與他有良好互動的溝通」，是一種攻心的技巧，請讀者朋友務必銘記在心。

Lesson 5

如何讓對方接受你

學會借勢使力

I 攻心前，先看清自己

在爭權奪利的現代社會，哪個凡夫俗子不渴望成功？又有誰不想獲得他人的尊重與崇拜？但殘酷的是：現實很難盡如人意。

「知己知彼，百戰不殆。」邁向你所希冀的路途的第一個十字路口，就是必須對自己有一個客觀、深入的認識，只有清楚自己內心的想法，才能與別人比較、分出高低優劣。若你連自己在想什麼都摸不著頭緒時，那即便再熟知他人底細也沒有任何意義，因為你已經失去初衷的意義，那就是助「自己」成事。

「懂自己」，最簡單的方法是了解自己的優點和缺點，但你可以發現，在周遭環境中，能真正包容自身優點和缺點的人並不多。我們可將人簡單劃分為兩種，「自卑者」常常無視自身的長處；而「自負者」總是自我感覺良好，難以發現自己的不足之處。如果你是個悲觀者，若是將目光集中在自己的缺點上，無視優點，那你的人生就好比黑白電視；反之，如果你只看見自己的優勢，那狂妄自大地性格要讓人不厭惡也難。

若你不能給自己一面最好的鏡子——一個客觀評價，無法正確認知自己的優劣之處，那就別談什麼自我提升，甚至攻取他人內心了。

人無自知之明，可惜

「人貴有自知之明」，有一個故事便很生動地說明了這個道理。

一位下級軍官問普魯士國王腓特烈大帝說：「我跟著您出生入死，歷經百戰，為什麼卻始終位居底層，不能像許多戰友一樣，節節高升，榮耀我的祖先呢？」腓特烈大帝聽完後只面帶微笑，指著一頭正經過身邊，馱著重物的驢子答道：「你知道嗎？這驢子和你一樣，跟我出生入死，身經百戰，但牠仍是一頭驢子。」

這個故事的重點很簡單，那就是：「看輕自己。」若我們總是看不見自我本質，只看到被刻意放大的優點長處的話，人性就容易變得貪婪，人生的方向也將被無知的雙眼所遮蔽。人並非生來就是完美的，你必須了解真正的自己，給出一個客觀評價，才能找到正確的方向去改善自己，使你更臻於完美。

不諱言，認識自己往往比認識別人更加困難。認識別人，理所當然是站在客觀的角度以客觀的標準去衡量；但認識自己卻不一樣，這點受到主觀意識的支配，難度自然提高。

只看到自己優點的人，會對別人的作為不屑一顧，經常眼高手低，認為這麼簡單的事情別人都做不好。這樣的人驕傲氣盛，往往不能聽取別人的意見，固執己見，容易落得失敗的下場。

而那些只看到自己缺點的人，眼中、心中裝的都是自己的缺點，他們沒有自信，在做事情的時候舉步不前、猶豫徘徊，這樣的人不能成大事。

有自知之明的人，才能對自己有客觀的認識和評價，他們不設自己達不到的目標，不做自己能力範圍之外的事情，也不低估自己的能力，掩飾自己的優點。只有如此，我們才能在工作和生活中游刃有餘地去讀懂他人的心，並為自己所用。

停一下，一天反省一個錯誤

現在人最常掛在嘴邊的話就是：「我很忙！」隨著高度的社會環境發展，現代人幾乎都是忙碌一整天，以致長期忽略了內心世界的需要。一個真正有成就的人只要有時間能空閒下來，就會思考自己做過的事，例如問自己一些問題：「這麼忙碌值得嗎？」、「你是否失去了陪伴家人、朋友的時間？」、「你是否還記得年輕時的夢想？」等等。

「一日三省吾身」，對現代人似乎過於困難，因此我們可以調整為一日一省，更認真看待一天下來的得與失，避免再犯同樣的錯誤，減少浪費的失敗成本與時間，才能更有效率地提升自己。

白雪公主裡的皇后擁有的魔鏡，是一面遮蔽真實的邪惡之鏡，然而唐太宗說：「人以銅為鏡，可以正衣冠；以古為鏡，可以見興替；以人為鏡，可以知得失。」即便是現在，能做到積極改善自己缺點的人想必不多，於是我們更需要藉由外在的反射來辨識自己，認清自己最真實的那面。

以人為鏡，就是將別人的成敗得失作為自己的借鑑，透過觀察他人的行為或處事結果，告訴自己：「若同樣有別人不好的地方，我們改進，沒有就鼓勵自己吧。」如此，想達到客觀評價的目的也就不難了。

就像談戀愛時，熱戀中的人總是一頭栽進愛情漩渦，看不見對方隱瞞的真相，即便周遭親友力勸放下這段感情，但對當事人而言，他只會認為是旁人不懂真正的愛。所謂「旁觀者清，當局者迷。」最常上演的橋段，也不過如此，如果我們僅憑著對自己的認識來做一切重要決定，那有可能導致許多災難性的事件發生。

當我們難以做出真正客觀的評價時，多聽取別人的意見，或許你的好友能發現你沒注意到的問題，解除一切對你不利的狀況，便能逐一克服各種阻礙，實現你所想要的。那麼該如何客觀看自己呢？

跳脫出自己，客觀看自己

站在別人的角度分析自己，就好比跳出故步自封的圈子去審視自己，將自己原先的思維打破，對自己優缺點的了解頓時開朗起來。而判斷自己的客觀情況有這些：

- 我的長相，例如容貌、身材、衣著等。
- 我的性別行為模式，例如是否有男子氣概或大家閨秀的氣質。
- 我的氣質和性格類型，例如仙女、書生氣質，性格開朗或內向等等。
- 我的想法和品行，例如是否被社會的普遍道德標準所認可。
- 我的專業能力，例如在同輩當中，我大概在什麼水準。
- 我在別人心目中的地位，例如是否被社會所需要和重視？是否被他人喜歡與尊重？

② 從他人的成功與失敗反想自己

在現今社會，能像唐太宗一樣以魏徵作為鏡子的人寥寥無幾，因為人們總認為自己沒有什麼缺點，只看到自己的優點。若你從外界環境的折射中認識自己，就能幫助你認清自己的真面目。

所謂從外界環境的折射中認識自己，就是在對方的失敗中學教訓，避免自己在相同的地方跌倒；在對方的成功中擷取經驗，讓自己在行動時能少走冤枉路。

③ 聽他人意見，有效減少麻煩

固執己見的人做出的判斷往往是片面主觀的，因為他們的思維被關在自己的小圈子裡，不願也不肯聽取他人的意見和忠告，使他們做出的決定不完美，甚至是失敗。若多聽取別人的意見和經驗，再結合自己的意見，可以讓你避免許多不必要的麻煩，你為什麼不這麼做呢？

能夠對別人產生影響的人，一般都是能嚴格要求自己的人，倘若自己都不能堅守住原則、做好小事，那又怎麼能去影響別人、甚至順利達成你的期望呢？因此在攻心前，先給自己一個客觀的評價吧！

☑ **追求你的獨立人格**

以正確的理念和態度來對待他人，在他人提出的建議中，不斷修正自己，以積極、樂觀、快樂的人生態度來適應社會、融入團體。

同時，你要有個人的獨立性格，不人云亦云，有自己的個性與追求目標，記住，世界上沒有一個人是為了他人的評價與期待而活著。當你選定了處世原則或生活的目標，就要堅定不移地走下去，丟開別人的議論，因為「路是自己走的，話就讓別人去說吧」。

☑ **學習自然界的動植物，揚長避短**

就像雨林中的動植物一樣，我們要學會隨著不同環境，靈活應用自己的優缺點。你覺得自己不是那麼完美？沒關係，學會揚長避短，你不說還沒有人知道呢。但如果你的環境無法讓你隨心所欲，那你就要思考一下兩者之間的關係，如果沒有真的迴避缺點的可能，那適時地自嘲也能助你度過尷尬難關。

☑ 不進化，就是退化

這世上永不變的定理是：「沒有一成不變的人事物。」而每個人在不斷的自我進化當中，自身的優缺點也會不斷隨著年紀、見識、經驗增長而減少、改變，這是一件值得期待的事。

因此，我們在認識自己、讀懂自己的過程中，不要忘記自己在未來的延展性，隨時在最佳狀態、不斷進化。

客觀的評價可以真實反映出你在他人眼中的形象好壞，不了解自己的人，更別提要去影響別人了。也因此，人必須在對自己有客觀的認識與評價的基礎上，合理安排自己的工作和生活上的目標，不對自己提出過高、不切實際的期望，也從不低估自己的實力，如此才能逃脫錯誤的心理危機，充分發揮自己潛在的能力。

2 說話有主次，還要能借勢使力

每個人都有被尊重的心理需求，如果在談話時遭到對方忽視，都會感到不滿。在生活中有些人是典型的「直腸子」，想到什麼就會不假思索地脫口而出，招致別人反感，自己卻毫不知情，在不知不覺中被周圍的人疏遠了，甚至不知道自己到底哪裡做錯。

下面跟大家分享一則故事。

雅涵和她的主管婉婷很合得來，她們不光在工作上的配合相當有默契，就連愛好也很相似，好比她們都喜歡楊丞琳的歌，喜歡喝紅茶，喜歡雅詩蘭黛的化妝品……因而成為無話不談的好閨密。但漸漸地，過於友好的兩人引來其他同事的非議，認為婉婷特別偏袒雅涵，婉婷在無意間得知這件事情後，就開始有意無意地和雅涵拉開距離。

但雅涵沒有意識到這一點，一天，婉婷在辦公室裡接待客戶，雅涵連門都不敲就逕自開門，然後劈頭問道：「欸欸，今天晚上去看電影怎麼樣？」婉婷的臉色瞬間變得很難看，厲聲說道：「妳像什麼樣子！現在可是上班時間。」雅涵看到婉婷正在接待客戶，這才驚覺自己犯大錯了。

不久，雅涵就被調離原先的工作崗位，分派到一個不重要的部門，無任何發展空間，等於被公司冷凍。

請問看完這則故事，雅涵錯在哪？錯就錯在她沒有考慮到對方的身分，無論什麼時候，主管就是主管，即便兩的關係很不一般，基本的禮貌和尊重還是要有，雅涵就是因為和婉婷走的太近，而忽視了對方的身分，影響到自己的工作。在開口說話前，我們一定要拿捏好自己的身分，這樣說出來的話才易於被人接受。

說話不能抓住重點，不如不說

有些人說話總是顛倒主次，抓不住重點，讓人聽了感覺不舒服，甚至讓你在別人心中的形象大打折扣。

有一對情侶正在籌備婚禮、裝潢新房，想看看公司一位新婚的同事家裡是如何布置的，便詢問對方是否能帶女友去拜訪。當天，這對新婚夫婦熱情歡迎、盛情款待，可是來做客的同事卻說：「你們太熱情了，我們只是過來看看你們的新房子。」新婚夫妻聽到這句話心都涼了，原來他們並不是來祝賀自己新婚的，四人就在尷尬中度過一晚。

對於新婚夫婦來說，客人真心地祝賀他們新婚遠比讚賞他們的新房要重要的多，可那句：「只是來看看你們的新房。」自然澆滅了新婚夫婦所有的熱情，所以，客人說話若沒有分清主次，主人對其冷淡也就不足為奇了。

當然，這種主次關係並非一成不變，這需要根據情況而訂，如果不知道該說些什麼，筆者列出以下建議供大家參考。

- 跟 20 多歲的男人聊汽車；跟 20 多歲的女人聊時尚。
- 跟 30 多歲的男人聊事業；跟 30 多歲的女人聊家庭。

- 跟 40 多歲的男人聊經濟；跟 40 多歲的女人聊保養。
- 如果跟老人家聊天，那不妨聊聊他的兒孫，讓他說說自己的老年生活。

② 說話時，讓對方感受到他最重要

有的人說話時不注意，想到什麼就說，毫不顧及自己說出來的話對方是否愛聽，常常是傷害到了對方，自己卻不知道。

恆學到北京出差，在出發前便先打電話請在北京工作的同學哲偉來接機。順利接到人後，哲偉隨口一問：「志文也在這工作，怎麼沒找他來接你？」恆學回道：「我最先就是打給他，但他沒空，所以才又打給你。」

哲偉聽到後覺得相當刺耳，心裡非常不舒服，想道：「原來我就是個候補？你把我當什麼了，難道他忙我就不忙嗎？虧我還把事情推開來接你。」但恆學完全不自知自己得罪了哲偉。

恆學一句無心的話，無奈聽者有意，如果當時恆學能這樣說：「跟你通完電話後，我也有打給志文，但他說他有急事沒法過來，原本想說大夥兒一起吃頓飯，看來只能等下次了。」這樣回答，結局勢必會不一樣，既向哲偉傳達了：「你是我第一個通知的人，我很重視你」的攻心資訊，又表現出自己相當看重同學間的情意。

③ 改變說法，立即見效

很多人在說話的時候，往往喜歡說：「我如何如何……」總是把自己放在第一位，這樣勢必會增加對方的逆反心理，但要怎樣才能擺脫這種局面呢？這時換到對方的立場上思考是個不錯的選擇。

政輝在公家機關工作，年輕有衝勁，才 30 出頭就已坐到科長職位，相當有能力又充滿見識，高層多次考察後，有意再將他提拔為副局長，但始終無法通過考核，政輝百思不得其解，很是苦惱。

有位長官好心提醒他：「以後你討論工作時，試著換一種說法。例如：『我想聽聽你的意見，你覺得這件事怎麼樣？』等較婉轉的說法。」政輝恍然大悟，原來平時自己的那句「你到我辦公室來一下。」大大拉開自己和同事的距離，之後他調整了自己的說話模式，果然相當有效，之後也順利升上副局長。

只要轉換一種立場，反「主」為客，就能讓對方願意配合你，也體現出你的平易近人。

說話攻心，就要「借勢使力」

有個故事充分說明了「借勢使力」所能得到的最大好處，讓我們一起來看一下。

一位叫凱爾的商人告訴兒子：「我已經選了一個女孩，我希望你能娶她。」

兒子說：「我會自己決定我的新娘，不需要你的幫忙。」

「可是我說的這位女孩，可是比爾・蓋茲的女兒喔！」凱爾補充道。

兒子說：「是嗎？那這樣的話……」

一次聚會上，凱爾走向比爾・蓋茲，說道：「我來幫你女兒介紹個好丈夫吧。」

比爾回答：「但我女兒還不想嫁人呢！」

凱爾說：「可是我說的這名年輕人，可是世界銀行的副總裁喔！」

比爾說：「是嗎？那或許可以認識一下……」

接著，凱爾又找到世界銀行的總裁，對他說：「我想介紹一位年輕人當貴行的副總裁。」

總裁說：「我的副總裁已經夠多了，不需要了。」

凱爾說：「但我說的人可是比爾·蓋茲的女婿。」

總裁思考了一下，說：「是嗎？那這樣的話……」就這樣一來一往，凱爾的兒子不費吹灰之力便娶了比爾·蓋茲的女兒，又成為世界銀行的副總裁。

故事中的凱爾不動一兵一卒，僅憑著比爾·蓋茲和世界銀行之間的影響力，就成就了兒子的愛情和事業，讓人不得不稱讚他的「高明」。在工作和生活中，總存在一些不得不問，但又不好直接開口的問題，這時就可以考慮透過別人的口，來得到你想要的答案。至於「借誰的口？」、「怎樣借？」便成了問題的焦點，只要掌握這兩點，那些不好直接問出口的問題也迎刃而解了。

☑ 借親友之口，傳情達意

在生活中，我們經常會借親朋好友的話來傳遞自己的心意。

阿忠和女朋友的感情相當穩定，很快就到了論及婚嫁的年紀，但內向的阿忠不知道該如何開口。有次兩人一同參加一位朋友的婚禮，在回去的路上，阿忠對女友說：「今天的婚禮真感人，新娘誇妳漂亮呢，還問什麼時候能喝我們的喜酒。」女友一聽，就明白阿忠的意思了。

☑ 借眾人之口，眾志成城

對於工作比較繁忙和對某些問題有能力解決卻故意藏而不露的人，我們可以借助「大家」的力量達到自己的目的，因為一般都會認為「大家」的要求是很重要的，應該予以滿足。

某出版社準備出版一本歷史題材的書，社長想邀請一位知名的歷史學家撰寫推薦序，可這位歷史學家為人低調，不太願意曝光。好幾位編輯幾番唇槍舌戰都沒說服成功，最後社長親自出馬，成功讓歷史學家點頭同意。而社長正是借「大家」之口成功的：「像您這麼優秀的歷史學家，大家對您的學術成果都很敬仰，非常期待看到您的推薦。」這樣一席話，讓歷史學家欣然同意。

假借不存在的他人之口，在我們的生活中經常出現，當我們想諮詢關於人際關係的問題或是健康方面的問題，如果這樣說：「我的朋友想問……」就能減輕我們的心理負擔，確實將問題表達出來。

☑ 借上司之口，施加壓力

在工作中，總會遇到這樣一種人，他們對上司阿諛逢迎，對下屬或同事卻置之不理。像這種人，只有上司才能鎮得住他，如果以自己的名義求他，只會碰一鼻子灰。這時候，建議你借「上司」之口，讓他乖乖將份內的事做好。

怡萱最近心情煩躁，因為企劃書已經上呈給主管好久了，卻遲遲未得到主管的回覆，影響到工作的開展。每次主動向主管詢問時，主管總說最近很忙，還沒有時間過目，要她再等一下，可事實上，部門並沒有其他大案子正在執行，目前就在等這個企劃啟動，所以怡萱一肚子苦水不知道該往何處宣洩，工作也卡在中間動彈不得。

兩天後，怡萱又再去問了一次，但這次她換了個說法，一進到主管辦公室，便著急地問道：「總經理今天有詢問案子的進度，要我明天把企劃書給他審閱，您下午能看完嗎？」果不其然，主管下午就將企劃回給怡萱。

有時你的千言萬語還沒有上司的一句話有用，學會使用「上司說……」或是「老闆說……」，能讓你在工作中更游刃有餘。

☑ 借當事人之口，靈活脫身

很多時候，有些話由自己口中說出來，難免顯得尷尬，但由對方說出來，卻是自然而然，這時若能以誘導的方式，讓對方說出你心裡的話，不失為一條妙計。

張先生與王先生是多年好友，張先生準備借助王先生的人脈做筆生意。可天有不測風雲，就在張先生把一筆鉅款交給王先生的第二天，王先生就因為飛機失事，不幸罹難，若索回投資的錢，感覺過於刺激王太太；但要是不索回，自己又進退兩難。

協助處理完王先生的後事之後，張先生對王太太說：「嫂子，節哀順變。意外真的來得太突然，沒想到王大哥就這麼撒手人寰，我們的合作也才剛剛開始。嫂子，妳看這樣好嗎？王大哥那些人脈妳也都認識，要不就由妳接手，繼續把生意做下去吧。需要幫忙妳盡管開口，我可能幫不上什麼大忙，但一些小事情還是能協助處理的。」

張先生絲毫未提追款的事情，反而給人一種義氣相挺的感覺，王太太聽到後反倒安慰他：「這次出事讓你生意受損了，我也沒那個能耐做下去，你還是把錢拿回去另找其他機會吧！」困難的事情借力使力，豈不是容易成事多了嗎？

3 面對刁難、給出批評很簡單

常言道：「伴君如伴虎。」封建社會，皇帝是至高無上的權力象徵，「君要臣死，臣不得不死」的不平等「條約」經常擺在眼前，每一句話都說得戰戰兢兢，生怕一個不小心惹來殺身之禍。所以，在古代若會讀心，絕對是一個最實際的保命方法。

美國溝通大師卡內基認為，應對一些比較尖銳的話題時，模糊語言就是你最好的選擇，當然，這裡的模糊語言指的不是沒有能力表達清楚，而是故意製造模糊的答案，試著學會這樣說話，可以使你有效避開危機，趨吉避凶。

究竟是誰第一？誰第二？

我們經常聽到一些故事，一些古代皇帝特別喜歡提出一些棘手的問題來考驗大臣們的應變能力。

據說，南齊太祖蕭道成擅長書法，對自己的書法造詣很是得意，不樂意自己的書法水準低於臣子。一天，齊太祖向書法造詣極高的王僧虔比試高低。君臣二人各寫一幅書法之後，齊太祖沒有讓旁人評價，反而洋洋得意地問他：「你說，誰第一、誰第二？」王僧虔既不想違背良心貶低自己，又不敢因為自己的直言而得罪皇上。於是，他沉著應對回道：「依臣看，臣的書法屬人臣中第一；陛下的書法，皇帝中第一。」

齊太祖本想刁難王僧虔，但聽到他的回答後非常滿意，王僧虔把概念調換，將齊太祖原先的問題模糊化，本來是兩個人的比較，被王僧虔巧妙地換到歷代臣子與皇帝的比較，既說了實話，又保全了自己的面子。

現今不會發生因為沒有回答好問題而丟掉腦袋的事，但我們也經常會遇到一些尖銳的問題，令我們難以回答，在這個時候，模糊的說話方式就是最好的護身符。

這就是模糊說法的妙用，所謂模糊的說法是指詞語的解釋沒有某種特別規定，只要意思說得通就可以了。模糊說法在日常生活中的用途很廣泛，效果也非常好，不容小覷。

面對刁難時，轉移話題

某些沒有道德的記者為了博取大眾注意力，經常在訪問中故意提問刁鑽的問題，期待受訪者出醜，然後在報導中大肆渲染。

曾有位好事者問某電影導演：「您和另一位電影導演的名字很相近，會不會對他造成困擾？」這很明顯是個不友善的問題，言外之意就是這個導演的名氣沒有另一個導演響亮，暗指他的作品有跟風之嫌。

這個問題一提出，整個會場都安靜了，大家都在等待導演的回答，導演沉思了一下，說道：「我想對方可能會有同樣的煩惱，但『我們』都有一個共同點，那就是『我們』都是導演，而且拍電影是『我們』的興趣，『我們』熱愛這件事，而不是為了讓粉絲找『我們』簽名、崇拜。」

這位導演無疑是聰明的，面對記者們的刁難，他不急不躁，巧妙地把話題轉到自己和另一位導演的共通點上，一連串的『我們』也相當有氣勢，非但沒有對另一位導演表示不滿，反而讓人有雙方很要好的感覺。這樣的回答不僅免除了尷尬，也顯現出自己那不卑不亢的人格力量。

② 感情要增溫，回答模糊

用模糊語言回答尖銳的問題是一種睿智，它的變通性強，容易擺脫被動的局面。當你要回答的問題非常尖銳時，不妨拋出一兩句曖昧回應，讓對方自己去揣摩。

一部連續劇有這樣一個情節，男主角突然問了女主角一個問題：「妳跟我相處了這麼久，對我有沒有什麼感覺呢？」女主角的回答只有四個字：「你就是你。」說完，兩人會心地笑了起來。

女主角的回答為什麼能有這樣子的效果呢？關鍵原因在於巧妙地使用了模糊語言。雖然她對男主角的評價跟沒有評價沒有什麼兩樣，卻產生了幽默的效果，不僅讓對話雙方的關係融洽，也使對話的氣氛更輕鬆愉快。如果女主角實話實說，對男主角開始具體評價，弄得不好就有可能使雙方陷入尷尬的窘境，難以收場。

③ 棘手問題，曖昧回答

世界足球傳奇球星迪亞哥・馬拉度納尚未退役前，某次與英格蘭隊比賽，他踢進一個頗有爭議的「問題球」，據說有墨西哥記者拍到他用手觸球的鏡頭。

當時記者問了馬拉度納一個相當棘手的問題：「那顆球是手球還是頭球？」如果直言不諱地承認是手球，無疑是對裁判「恩將仇報」，因為根據比賽規定，裁判在現場的判決不能更改，但如果不承認，可能有失自己「世界最佳球員」的風度。

於是他這麼說道：「手球一半是迪亞哥的，頭球一半是馬拉度納的。」

這個滴水不漏的回答，既承認是手球，又肯定了裁判的權威。

別以為只有公共人物才會受到刁難，說不定哪天你也會接到一個燙手山芋，好比一位三十多歲的婦女在喜宴上突然要鄰座的男子猜她的年齡，那位男子覺得相當為難，只好模糊地說：「以您年輕的樣子，應該減去10歲；但以您的智慧，又應該加上10歲。」這樣的回答，雖然沒有確切表示女士的年齡，卻意外收到極好的效果。

給批評，千萬別太刻薄

說起批評，誰都不陌生，在我們的生活中，一定接受過老師或父母的批評，也可能批評過別人。在與別人溝通時，我們既要懂得中肯的批評，也要懂得熱情的讚美。批評是為了幫助對方認識錯誤，並加以改正，積極把事情做好，而不是要制服別人，或是將他人作死，更不是為了拿別人出氣或顯示自己的威風。

作家班奇利在一篇文章裡謙虛地談到他花了15年的時間才發現自己沒有寫作才能，結果一位讀者來信對他說：「你現在改行還來得及。」而班奇利卻回信說：「親愛的，來不及了，因為我已經無法放棄寫作，我太有名了。」

這封信後來被刊登在報紙上，人們為之笑了很長一段時間。事實上，班奇利的作品名聞遐邇，但他並沒有直接指責那位讀者，而是以令人愉悅的、迂迴的方式回答了問題，既維護讀者的自尊心，也保全自己的名譽。

最好的批評，是讓被批評者有一個思考餘地，含蓄蘊藉，不會傷到受批評者的自尊心。

☑ 批評，要能安慰

法國作家莫泊桑年輕時曾向著名作家福樓拜請教寫詩的創作技巧。福樓拜一邊聽莫泊桑朗讀詩作，一邊喝香檳。聽完之後說：「你這首詩的句子雖然有疙瘩，像塊牛蹄筋，但我讀過比這更壞的詩，所以你的詩就像這杯香檳，勉強還能嚥下。」

這個批評雖然嚴厲，但還留有餘地，給對方一些安慰。

☑ 批評，要有啟發

我們批評別人，是針對他的錯誤而言，要幫助對方改正錯誤，關鍵在於「內因」，而批評者的「外因」只能產生一定的輔助作用，要讓對方從根本上改正錯誤還要靠自己的「內因」。

所以，高明的批評者總是逐漸「敲醒」對方，啟發他進行自我批評。例如:「你回答得很好，如果能再舉個例子說明一下，就更精采了！」、「關於這個問題，通常我們應採用哪些方法解決呢？」等等問句。

☑ 批評，要模稜兩可

一位詩人因為有詩才而聞名。一天，他為一些朋友朗誦自己的一首詩，頗受大家讚賞。但一位叫查理斯的朋友卻說：「你的詩我非常感興趣，不過這首詩是從一本書中竊取來的。」這名詩人聽到後非常生氣，為捍衛自己的名譽，要求查理斯賠禮道歉。

查理斯說：「我承認這一次說錯了，本來我以為你的詩是從那本書裡偷來的，但我又查了一下，發現那首詩仍在那裡。」

這種模稜兩可的批評，讓對方幾乎找不出可以反駁的理由。

☑ 批評，最好夾在「三明治」裡

美國著名企業家玫琳凱在《談人的管理》一書中說道：「不要只批評而要讚美。這是我嚴格遵守的一個原則。不管你要批評什麼，都必須先找出對方的長處來讚美，批評前和批評後都要這麼做，這就是我所謂的『三明治策略』——夾在大讚美中的小批評。」

受批評者最主要的心理障礙是擔心自己沒面子，損害自己的利益。為此，你在批評前，就要先幫助他打消這個顧慮，而打消顧慮的方法便是將批評夾在讚美之中，在肯定的基礎上再進行適當的建議，這樣效果最好。

總之，在人際關係上，好的批評與面對刁難時能否有正確的回應都是一門學問，對攻心者來說是非常重要的處事訣竅，不可小看。

4 借花獻佛，提升自己的形象

企業廣告大都喜歡找名人來宣傳，知名的演員、女明星、體壇選手、政商名流等到處可見。不過，仔細想想，有些人根本就和這些企業公司一點關係也沒有。

那為什麼這些企業還肯花大把鈔票請他們來代言呢？因為這些企業都想沾那些名人的光。所謂的廣告，其實就是讓這些名人向社會大眾推薦某企業的產品，而觀看這些廣告的人，就會在不知不覺中，把自己對這位名人的印象與企業或產品的印象合而為一，產生「這是某某人推薦，當然是一項好產品呀！」的想法，因而提高購買意願。

其實，我們平常也經常會出現這樣的行為，例如……

雪莉說：「那個暢銷產品，是我大學學長開發出來的。」

立東說：「這次要調升海外部部長的張課長，是我以前的主管。」

諸如此類的事或對話，大家應該都有經驗吧！在私底下，像參加商務餐會時，我們也常會不露痕跡地以自己的畢業學校或上班的公司來進行自我宣傳。我們也常利用名人、KOL 或是業界相關的權威人士、活躍人物，來與自己的印象做結合，以達到自我廣告的目的。

這種借用他人的榮耀或成就，來提高自己形象的方法，就叫做「借花獻佛」，如字面上的意思，靠著「借花」來「獻佛」。

最早發現此一現象的學者，是社會心理學家查第尼，他以大學生為對象做了一項調查，他先調查大學足球隊的比賽結果，然後再查看這個比賽結果會不會影響隔天學生是否穿著校服；結果，獲勝球隊的學校，其穿著校服上課的人數明顯高出很多。

由於這種方法不需要任何努力，就能憑空借得他人的光芒，因此我們很容易就會不自覺地使用。相信各位讀者身邊一定也有成天把自己畢業的學校或任職公司掛在嘴邊，以此洋洋得意的人吧！自己說得好不偉大，但聽得人往往會覺得他們過於驕傲。

而且借花獻佛太多人使用了，多了通常就膩了，所以在利用這招時，也有著一些方法和技巧，下面提供給各位參考。

1 強調自己與對方的近距離

將自己與目標物（這裡指名人、有成就的人，或是具有知名地位，讓你想攀附關係的人事物）之間的距離拉近，強調「他和我的關係很近，因此我們之間有很多共通點。」

例如「陳先生這次要升經理了！他是我大學的學長！從我一進公司開始，就一直很受他的照顧！」、「我們公司的負責人和我是同一所大學畢業，真是榮幸阿！」所謂的「近距離」，在公司裡自然指的是畢業學校或所屬部門之類的。

但其實不只這些，舉凡家鄉、所學專長（科系）、興趣（某某人喜歡釣魚）等等，也都能拿來利用，只要肯去找，一定能找出彼此的共通點。

但這個方法必須在目標人物的榮耀與成就人人都非常清楚，但你們之間的關係卻沒什麼人知道時，才能有效發揮功用。

2 對方成就還不夠知名

如果反過來，你和目標人物的關係大家都知道，但他的榮耀和成就尚未得到他人肯定時，就必須換個方法。

例如，你和目標人物畢業於同所大學，或在同一間公司、同一個部門，而這件事又廣為人知時，就應該用這個方法。

「雖然敝公司的知名度不是那麼大，但營業額在業界可是第一名！」、「從我們部門出去的人，有很多人的發展都相當好，許多人現在都在外商公司上班！」將重點放在「目標人物」的成就上，但要注意，因為目標人物跟名人不同，他的成就不見得會引起所有人的共鳴或認同，所以要注意使用的場合，如此才能發揮效用。

這一招的優點在於，雖然是借花獻佛，但又感覺只是在陳述事實，不會讓人有「臭屁」的感覺，能降低在他人心中留有負評的可能性。

3 用「突然想到」的方式來說

試想，如果別人對自己使用借花獻佛法，你最容易感到不舒服的情形是什麼？應該是對方那刻意、又志得意滿的態度吧！也沒人問，就一天到晚到處炫耀「我是某某大學畢業的！」、「我任職於某大公司！」甚至擺出一副「怎麼樣？很厲害吧！」的表情，讓人厭惡到極點。

因此，不管想要強調的是距離，還是對方的成就也好，借花獻佛的實行技巧在於表現出一副「不以為意」的態度。如果對方覺得你「故意愛現」的話，那一切的努力就付諸流水了，再說只是徒增反效果而已。

不過，說起來簡單，要表現出一副「不以為意」的態度，還真不是一件容易的事，因此有個辦法可以應對，那就是以一種「好像突然想到」的方式來表達。

例如:「對了！這次被晉升為經理的大陳，和我同一所大學畢業耶！」這樣的語氣就自然多了。

以上方法提供給讀者參考，但特別要注意的是，不要主動提起目標物，當別人先提到他時，再以一種極為自然的口吻來輕鬆帶出，這樣的效果會比較好。雖然你心裡也許很想讓大家知道得更多、更詳細，但最好還是以一、兩句話做結束，讓對方自然地想再深入了解。

這樣一來，就會變成「因為你問我，所以我才說」的關係，感覺上也較不容易讓對方覺得你在自吹自擂。

5 適當的威脅，助你達成目的

在前面的「阿諛奉承法」中，已教各位如何贏得他人好感的技巧，但一昧地博取他人好感就萬事 OK 了嗎？當然沒有這麼簡單。一名「好人」固然能獲得他人的好感，但也十分容易讓人瞧不起，他的意見也往往很難得到應有的尊重。

這樣的事實對我們來說，多少會覺得無奈，因此「適當」的威脅有時也是「必需品」。

有時候，不得不「恐嚇」

在職場上，有時候使自己的要求得到別人的回應，或是讓別人替自己做些什麼事，反而是比較重要的，即使別人對自己的印象會因此稍打折扣，你也得去做不可。每個人都一定曾對類似的事感到困擾，哪怕你的職位與管理階層並無關係。

這種展現自己強悍的一面，使自己的要求得到他人的回應；或是驅使別人為自己做事的方法，叫做「威脅逼迫」法，講白話點，就是一種「恐嚇」。

不過如果應用在上班族身上，就必須用職場恐嚇法才行，運用這種聰明的逼迫法，不但能如願達成自己的要求，或讓別人替自己做事，甚至還能因此獲得別人對你的尊敬。但另一方面，如果你用了不當的「利器」，表面上獲得一時的成功，但實際上已遭到他人的厭惡；長久下來，對你其實有非常不利的影響。

如果你想恐嚇對方，讓對方知道你的可怕之處，那一定得有方法，否則只會變成一隻「只敢在遠處吠叫的狗」，且不同的情形，也會使得威脅逼迫法的使用方法有所不同。

拿出權威壓制，未必是最好的辦法

某採購：「別忘了你的生死大權還掌握在我手上！

某經理：「這個企劃案的負責人可是我啊！」

這些台詞好像時常在電視連續劇裡看到，然而實際握有大權的人，確實很容易說出這類的話來，但這種方法有兩個很大的問題。

第一，它只能用在如「董事長對組長」這種權力階級差距非常明顯的情況下，因此，如果你的權利不是那麼絕對，那再怎麼恐嚇對方也沒多大的意義；年輕的上班族有時會對後進擺出一副「我可是你的前輩！」的態度，其實不具有什麼說服力。

第二，這種方法必然會使對方對你產生反感。試想，如果是自己被人說了這種話會有何感想。筆者相信你不但會討厭對方，甚至可能懷恨在心，你表面上順從了他，但心中卻藏著極大的不滿！

對上班族而言，權力不但要能替你完成對他人的要求，還要能替你在人群中博得眾望，這兩點是同等重要的，雖然大權在握，讓人很容易立刻訴諸於權力，但還是盡量少用的好。

告訴你有效運用「威脅」的訣竅

這裡的訣竅在於理性地分析事情的情況，這麼一來便能讓對方明白，如果自己的要求無法得到回應，那就算什麼事都不做，還是會引發一、兩樣不良的後果。還要記住，要盡可能將自己與「威脅」的那件事分開來，以客觀的立場分析。

重點在於「請抑制感情，必須冷靜地分析道理給對方聽」，這一點適用於各行各業，不管對方年紀比你輕還是地位比你低，他都已是名成年人，用感情強迫他是得不到任何好處的，就算表面上看起來你好像是得到了好處，但對整體而言一定是有害無益的。

當然，這招如果用得好，對付上司也是很有效的。

- **愛咪：「這個案子如果無法先完成，那你要我做的資料處理，恐怕也得延後了……」**
- **薇薇：「如果你沒有時間跟我說明，那我只好靠自己的力量……寫出來的企劃書可能會不盡完善，我怕到頭來還可能給你添麻煩！」**

像這樣，把對上司的不利之處、會給上司帶來麻煩的地方，也就是對上司的「不良影響」，客觀地分析給他聽，相信能發揮相當的效用。筆者再分享以下幾點辦法，讀者們可以參考。

1 強調彼此是在同一艘船上

「我是你的上司！你竟敢威脅我！」

在這種情況下，自然會出現權力高低的關係，但即使是地位平等的情形，也一樣有辦法要脅對方。

「如果這件事你不肯幫我，那我只好把你的案子延後處理了！」像這種情形便是以「職務」做為武器，此外還有：「如果你不肯幫我，那我也很難幫你！」等等。

所有形式都是「如果你不肯……的話，那麼我也……」，善用上班族之間「脣齒相依」的特性，就算彼此之間沒有權力高低的差別，同樣有辦法以脅迫法達到你要的目的。

不過，這種方法也有缺點，那就是無法施展於比自己高階的人身上，而且用了這種心機之後，也很容易給對方帶來不愉快的感受，可能被貼上「利益取向」的標籤，但只要在使用這招時多加注意，點名同舟共濟的處境，它仍不失為一個十分好用的方法。

2 暗示對方會有不良的後果

最後一招便是暗示對方，即使自己什麼都不做，仍會出現不良後果。

某組長：「真糟糕！這個 Case 如果做不完，大家得留下來一起加班了！」

某業務：「如果您沒辦法接受這樣的協議，那我們恐怕要放棄！我想其他公司的條件應該不會比我們更好！」

這辦法最棒的地方就在於不易給對方帶來不愉快的感覺，其他的方法，如果最後對方遭到了「報應」，或多或少都跟自己有關，然而這一招並非如此。至少對方不太會把問題扣在你的頭上，既能達到恐嚇對方的目的，又不會損及別人對自己的印象，可說是威逼法的終極戰術。

對多數的上班族來說，權力不一定就是武器，但如果你能善用自己的職務或專長，那麼想「忠諫」上司，其實並不是一件難事，而攻心術中的威逼法最高境界就在於此。

7 讓你全身而退的理由

開會遲到、遺失重要的文件、無法如期出貨、無法達到基本業績等等……這些是人人都想避免的，但人生可不是這麼容易的事。因此，我們要把它當成一種必經的「命運」，並學習如何去面對這些狀況，這對我們來說才是非常重要的事。

處理錯誤或失敗的方法有很多種，例如：弄壞東西，或是因為自己而導致了意外事故，這些事都可以用金錢或其他事物來補償。好比搞砸了一份合約，就想辦法再簽一份別的合約來彌補。

但能夠完全補償、替代的東西相當有限。例如：今天遲到了，那就算你明天早到，今天遲到的事實也不會因此消失。再說，就算想事後補償，也並非所有事都能靠補償來解決，因為早已在對方心中留下疙瘩。

因此，很多時候我們便需要解釋及賠罪了。心理學上對「解釋」與「賠罪」的研究，從 1980 年起，在歐美各地熱烈展開，每當有政治家或企業發生醜聞，他們便開始研究這些政治家或企業，究竟是憑藉著怎麼樣的解釋與賠罪來度過危機；還有我們平常在生活中，又是以什麼方式來向別人解釋或賠罪的呢？而這樣的效果又如何？

例如，有學者就曾針對前美國總統尼克森在發生醜聞時所發表的那篇演說進行研究。根據這篇研究結果指出，其實尼克森早在出馬競選副總統時，就已經被人懷疑運用不當手段吸金，並中飽私囊。而他採取的應對策略是買下電視及廣播媒體 30 分鐘的時段，發表一篇充滿技巧的演講來進行解釋，最後順利當選總統。

但在有名的「水門案（共和黨選舉委員會所聘用的人員，準備從民主黨本部竊取有關民主黨候選人的秘密資料時，因東窗事發遭到逮捕）」中，尼克森的理由卻不再為人們所接受，因而被拉下總統寶座，無法如願連任。

解釋與賠罪的驚人效果，已在心理學的領域上獲得充分的證實，但在現實社會中，卻很少有人願意用這種方法來度過危機，這大概得歸因於解釋和賠罪讓人有一種「找藉口」脫罪的印象吧！

但在職場上，其實每天都可以看到有人在解釋或賠罪，而且如果道歉得宜，還能化「逆勢」為「優勢」，得到更好的結果！同等地，糟也只會更糟。

善用藉口的辯解法

「家裡真的有事」、「身體不舒服」如果把各種理由收集起來，那數量一定相當可觀。然而心理學家們卻發現，在這些數不清的藉口中，其實可以先根據某些基準，來區分成數種使用方法，但你必須先搞清楚藉口的基本概念。

舉例來說，上班或開會遲到了，上司問你：「為什麼遲到？」你可能會有以下幾種說法：

- **我沒有遲到阿，我錶上時間剛好 10 點。**
- **因為身體不太舒服，所以起床起得比較晚。**
- **我雖然遲到，但只晚了 5 分鐘，並沒有錯過任何會議內容。**

這些理由其實是由兩大基準排列組合構成的。這兩大基準就是：

- **自己有多少責任。**
- **帶給對方多少損失。**

從這兩種基準，就可以分出三種不同的辯解說明法，分別是自己的責任與對方的損失都一概不予承認的「否定法」；承認對方的損失，但不承認自己擔有責任的辯解法；承認自己的責任，但不承認對方有損失的「正當化法」。看看以下處理方式。

1 使用否認一切過失的說法

「我沒有遲到阿！」這種說法不但不承認自己有任何責任，也不承認自己的行為有任何不妥之處，或是讓對方有任何的損失。講白一點，就是根本不承認自己有做錯事。例如……

- **我完全不記得這件事啊！**
- **（遲到 5 分鐘）路上塞車所以遲了 5 分鐘不算過分吧！**
- **這個案子是我負責的嗎？我跟這件事一點關係也沒有吧？**

簡而言之，就是否認一切過失。但是要注意，這在生意場合絕對不能使用，這一招常被那些爆出醜聞的政治家或官員們使用，不過常常是一開始就撇得一乾二淨，結果被人抓到證據，弄到最後不得不承認的尷尬局面。這種人跟起初就爽快認錯的人相比，給他人的印象更糟到上千、上萬倍，該做法「不是上天堂，就是下地獄」，是一種非常冒險的做法。

換言之，使用這個方法失敗的可能性相當高，再加上真的可以完全撇清的情況非常少，因此能用這招的機會並不多，我想不會有人談生意，對方遲到只說一句「我沒遲到」，就能輕易消除心中的不滿吧！

而且，就算這招真的辯解成功了，也容易讓他人留下不好的印象。其實只要試著換個角度思考，站在當事人的立場想，倘若有人對你說出這樣的話，你會有什麼感覺？我們並非厚顏無恥的政治家，所以這招還是少用為宜。

② 推給不得已的理由

像是：「因為身體不太舒服，所以早上爬不起來。」這便是第二招「辯解法」，承認自己的過失所帶來的損害，但盡量減輕自己的責任。

- **（遲到的時候）路上好像有車禍，塞車塞很久啊！**
- **（爽約的時候）我父親突然住院了。**
- **（想阻止對方殺價的時候）沒有上面的允許，我真的不能再報更低的價格給你了。**

像這些時候，你可以先承認自己有過錯的地方，然後再把責任推給突如其來的狀況或是家人、上司，以說服對方原諒自己。

那「該把責任推給誰？」便成了此時的關鍵。一種方法是推給上司或同事，也就是尋找替代羔羊，但辯解法最高段的訣竅，還是莫過於於把責任推給意外、事故，或是運氣不好這些不得已的理由。

例如「生病」，這幾乎已成了藉口的代名詞，因為它在任何場合都適用，而且誰都會生病，因此這種理由也較容易讓人接受，不會留下不好的印象。

而心理學中的「歸因論」，把這種藉口稱為「無法控制的因素」，也就是說，辯解法最大的竅門在於把責任推給無法控制的因素，誰都遇過「不得已」的情況，所以很容易讓對方接受。記住一個重點，只要能讓對方覺得「沒辦法」，那你就贏了！

反之，如果把責任推到別人身上，處理不當的話反而會給人「嫁禍他人」或「自私自利，犧牲別人」的不良印象。

③ 使用「正當且利害關係清楚」的說法

「我雖然遲到了，但只晚了 5 分鐘，我還沒有錯過任何會議內容。」這便是「正當化法」，它和「辯解法」正好相反，承認自己的責任，但盡可能強調並沒有給對方帶來太大的損失。

- **（合約沒簽成時）如果以長遠的眼光來看，其實我們並沒有多大的損失！**
- **（預算大幅透支時）放眼未來，這應該是很值得的投資。**

合約未簽成、預算透支，或是發生醜聞的時候，一方面先承認這些事的確發生了，但接著就要強調，這些事其實並不會帶來多大的損失，它甚至可能帶來正面的影響。

「正當化法」的訣竅在於「冷靜地分析利害關係」，如同前面的例子顯示，其實不管是什麼事情，只要換個角度來看，都可能會有好的一面，也有可能找出它的利益點。因此必須冷靜地思考，想辦法說服對方「這件事不但沒有什麼大的損失，甚至還有可能帶來利益」。也就是說，我們要改變對方看待這件事情的角度，但如果說詞編得太離譜，有可能會讓對方覺得「怎麼可能」，認為你是在強詞奪理。

因此，只有在冷靜、客觀地分析之後，認為事情可以從合理的角度來重新看待時，再用「正當化法」是比較合宜的做法。

4 不找藉口，避開問題點

事情不是我該負責的，因此我很難回答你！

這件事和你沒有關係，所以我不需要回答你！

嚴格來說，這些都不能算是藉口，因為它根本就沒有提到「主題」（所犯下的失敗或錯誤），但其實它是一種把「避開不談」當作藉口，因為種種原因，所以不能回答。

換句話說，「逃避法」的精神便是「找出一個自己不需要說藉口的藉口，但此方法的訣竅是，你要盡量表現出自己的誠意，別讓對方覺得你在逃避責任。

當自己沒有立場回答，或不具有回答問題的智慧、資訊，甚至是如果自己任意發言可能造成公司或其他人的困擾時，不妨用這招看看。以上技巧都必須盡可能地表現出你的真誠，別讓對方覺得你再找理由、逃避責任。

Lesson 6

抓住機會攻心雙贏

化被動於主動

I 別讓機會輕易溜走

你知道嗎？最恰當的攻心時機就在於「應酬」，在吃飯喝酒的過程中，達到個人的利益或情感目的。我們都知道，無論在哪個國家，「應酬」都不是那種「因為肚子餓，所以吃飯」的社交活動，多數你想不到的手段與目的都在底下暗潮洶湧。

一句客氣的寒暄背後，可能是商場上一筆兩方搶奪已久的大訂單，也可能是一個歷經「過五關、斬六將」，最後終於審過的Case，所以「吃飯」這件事漸漸演變為一種「攻心」利器。

就像遊戲一樣，一個看似平常的應酬卻能創造出多種結局，你擁有著能改變故事結局的力量。因此，對於餐桌上的「攻心社交」不甚重視的人，多半會錯失許多逆轉的機會。

吃飯，就是最好的攻心 Timing

在一般生活中，很少人能認知到這個重點，通常會認為，下了班還要應酬吃飯是件苦差事，但又不得不去，在無法拒絕的情況下，通常會敷衍了事。在一場酒水轟炸之後，他們也如自己所預料的那樣，賠上了「時間」，賺到的卻是「宿醉」與「疲累」。

但其實有許飯局都在我們達成目的的過程之中，發揮了不可替代的作用。假設我們要拜訪 10 位客戶，理論上就需要花很多時間一一拜訪，但若是運用飯局招待客戶，那麼在還沒展開正式工作前，也許在一個禮拜內的午餐、晚餐裡，你就分別見到了 10 位客戶。

一般像這樣的吃飯機會，不但可以輕鬆增進與客戶的現有關係，若更進一步運用攻心技巧，甚至能得到更多有價值的情報。

抓住「時機」＝抓住「機會」

筆者有個朋友泰瑞，他是公司業務部其中一組的小組長，他帶領的團隊是全公司業績最優秀的，同事們都很好奇泰瑞是怎麼辦到的，究竟是用哪一招把客戶都哄得服服貼貼，當然這種事只有他們的團隊知道。

說起來，其實他們並沒有什麼異於常人的偷心技巧，只是懂得抓住客戶的胃，每個禮拜安排工作計畫時，他們會順便將這周要和哪些客戶見面提出來討論，有條理地安排與客戶的飯局，增加業績提升的機會。

某次，泰瑞請 ×× 建設經理志雄吃飯，兩人的交情不錯，除了是工作上的合作夥伴外，私下也把彼此視為朋友。吃飯時，兩人閒聊著最近發生的事情，志雄提到：「我朋友要經營 YouTube 視頻，但他相當頭痛，不知道該如何提升曝光度，也不知道怎麼增加訂閱數。」泰瑞一聽，想到自己有許多客戶和朋友都很喜歡看影片，且現在手機又這麼方便，所以決定替志雄的朋友宣傳一下。

泰瑞主動幫志雄朋友推廣這件事，不但讓他與志雄之間的關係更穩固，還意外獲得更多銷售機會，對方為感謝泰瑞的幫忙，時常在影片中置入泰瑞他們公司的產品，不收任何廣告費用。憑著一頓飯，便讓泰瑞獲得如此大的收穫，可見只要抓住飯局中那看似無心之語的契機，多數機會就掌握在你手中。

如果我們想抓住某些機緣，「吃飯」是一個最容易博得感情且最有效果的好機會，因為當我們要把一種陌生的關係拉近到熟悉的關係時，一起吃飯這件事就無可厚非地成為首選。因為有時候我們吃飯，是為了解決心上的問題，這個當下就意味著同桌的人彼此之間能快速拉近距離，對於個人檯面下的目的來說，必定都有著正面的幫助。

☑ **上場攻心前，打扮得體、準備妥當**

通常運用在飯店的自助式餐會上，因為這種時候出席的客人很多，且多數人都是陌生、互不相識，為了讓自己更出眾，裝扮就要更能吸引到別人的目光。

例如男性可以穿上讓人眼睛一亮的特別襯衫，或是搭配顏色較鮮豔的領帶；女性則可以選擇顏色亮麗且得體的服裝，以達到吸引他人目光的效果。所以，並非打扮怪異才能奪人眼球，怪異的打扮除了與眾人格格不入外，還可能招致閒言閒語。

而在商務餐會上，對於希望透過飯局對自身事業有所推波助瀾的人來說，這時候打扮的原則就要「有品味」。也就是說，你使用的物品不需要是現在最流行，但必須是最經典、且有品味的東西。

也別忘了時時把你的手機帶在身上，以往商務之間的交流都是以紙本名片居多，但現在大家都在使用智慧型手機，彼此之間的交流已改為電子名片，整個餐會下來也不至於手上拿著一疊厚厚的名片。

初認識時，對方沒有你的任何聯繫方式，也不知道你從事什麼，一時又無法用簡單幾句話介紹清楚，這時只要拿出你的手機秀出電子名片，請對方掃描 QR code，就可以馬上看到你的個人介紹，又能趁機加 Line、微信，不僅加深第一印象，又拉近距離，使後續進一步的交流合作更方便。

☑ 必要時，當「綠葉」襯紅花

如果你是座上賓，那應該先保持矜持，但記得不能過度謙虛；若是陪襯的綠葉，就得記住自己只是配角，避免喧賓奪主，在無意間搶了紅花的風采。

例如，陪老闆出席飯局時，假如你穿得太過「正式」或說話表現得太過「出色」，就會搶了自家老闆的鋒頭，若是老闆大度能容，你或許平安無事，否則下一個在公司被「釘」的人可能就是你。

也就是說，當好一片綠葉也不是件容易的事情，但我們說最基本的原則就是——和你的上司風格一致，但要略遜一籌。

還有一個重點，對於一些具有身分地位的人，出於各種原因，他們也許不願意主動和別人交換名片，但其實這是相當錯誤的想法，特別是對於要進行攻心的人來說，更是讓人產生壞印象的無益做法。

我們說，只要是在社交場合上，無論是身分地位如何高的人，他們都需要主動和別人交流或是交換名片，不會因為自我意識過強而將自己孤立起來。

2 信任，先讓對方不斷稱是

不論是想要與對方成為好朋友，還是想在商場上獲得成功，或是對客戶進行推銷、得到客戶的好感等，都需要先贏得對方的信任，也就是說，你需要借助攻心術來達成此一目的。

雙方之間一旦有了信任關係，交談就會變得非常順利，對方也能對你敞開心扉，樂於接受你的意見與想法。反之，就算你花費再多的心血與唇舌，對方也一樣會無視，不會在意你的說法。

而攻心術利用的就是人的心理作用，它的效果是顯而易見的。若你懂得運用它來掌握他人的心理狀態，進而幫你實現想要達成的目標，你會發現藉由攻心術的運用，能輕易讓自己成為社交高手。

記住，如果交談雙方之間有穩固的信任基礎，那不管你說什麼、做什麼，對方都會往好的方面去想，這種情況也可以用「愛屋及烏」來說明，也就是說，一旦別人認同你這個人時，自然會認同你提出的觀點。反之，如果雙方之間缺乏信任感與好感，那無論你說什麼、做什麼，對方都會往壞的方面想，即使你的出發點是好的。

而攻心者在與對方來往的時候，一旦兩人之間建立了信任關係，被攻心者就會將攻心者的話「全部」往好的方面想，自己也會無自覺地對攻心者說中的話印象深刻，自動忽略沒有說中的部分，覺得攻心者「非常了解他」，如此循環使信任逐漸加深。假設攻心者實際上是一個大騙子，那被攻心者可能因此受騙卻還深信不疑。

也就是說，沒有了信任，真心話也會變成「謊言」；有了信任關係，謊言也容易能成「真心話」。

 錯誤的信任是「三人成虎」

信任會讓謊話聽起來像真話，但這並不是說只要人與人之間存有信任關係，謊話就能成為「事實」。因為這是基於信任，對方不會「意識」到你所說的是謊言，或者是「不相信」你竟然會對他說謊，所以仍會認為你說的是真話。

就像《戰國策・魏策》中有這樣一段故事：

魏國大臣龐蔥陪魏國的王子到趙國去當人質，他臨行前對魏王說：「如果現在有一個人來跟大王說，街上出現了老虎，大王相信嗎？」魏王說：「我不相信。」龐蔥又說：「如果有第二個人來跟大王說，街上出現了老虎，大王相信嗎？」魏王說：「我可能會有些懷疑了。」

龐蔥繼續說：「那如果有第三個人跟大王說，街上出現老虎，大王相信嗎？」魏王說：「這樣我可能會相信。」龐蔥接著說：「街上不會有老虎，這是很明顯的事，可是經過三個人這樣一說，就變得好像真的有老虎了。現在趙國的國都邯鄲與魏國國都大樑的距離，比這裡的街道遠了許多，議論我的人又不只三個，希望大王明察才好。」魏王回：「我知道了。」龐蔥這才放心離開魏國。

但後來魏王還是聽信讒言，不再重用龐蔥。後人便將這個故事引伸為成語「三人成虎」，用來比喻「謠言」可以掩蓋「真相」。

再舉一個例子，一個出獄的犯人在一間商店工作，當店裡的錢或商品缺少時，如果老闆相信他，那無論他說什麼，都可以掩蓋得過去。反之，如果老闆不相信他，那就算他說破嘴，還是會被移送法辦，這就是信任的力量。

反向來說，我們既可以「順水推舟」利用這點，但也必須學會判斷一件事情的真偽必須經過細心考察和思考，不能道聽塗說，也不能人云亦云，否則終將「三人成虎」，若因為「錯誤的信任」而把謠言當真，那我們可能會得不償失。

讓對方連說「對、好」，輕易答應要求

心理學家經過研究證明，如果能讓對方持續給予肯定的回答，一般來說，只要連續三次以上，對方很容易自然而然對接下來的問題不自覺地說「對」，給出肯定的回答。

與人來往時，我們可以連續使用讓對方說「對啊」的問句，讓對方處於連續正面的回答當中，不斷回答「對阿」，當他們形成暫時的回答習慣時，我們此時可以趁機提出自己的要求，他們也會更輕易說出「對啊」、「好啊」，答應你的要求。

當你與對方交談時，不想遭到對方的拒絕，就可以使用讓對方連續說出「對啊」的這個方法，幫助你達成目的。例如：

設計公司：「王先生，您是想要裝潢新家嗎？」

王先生：「對阿，想要有設計感一點。」

設計公司：「那您一定有些點子了吧？」

王先生：「對阿，我都想好了。」

設計公司：「那您想要哪種風格呢？是有設計感的北歐風嗎？」

王先生：「對啊，我很喜歡那種簡單，但又很有 Fu 的北歐風。」

設計公司：「那您是整間房子都要裝潢嗎？」

王先生：「對，這樣風格看起來比較一致。」

設計公司：「那您要用好的裝潢材料吧？」切入重點：高單價的材料。

王先生：「那當然，裝潢自然是要用好一點的材料。」

設計公司：「比起便宜但品質不穩定，好一點的材料價格會貴一些也很合理吧？」

王先生：「對，但還是希望不要太貴。」

設計公司：「我們公司可以為您提供這些服務，裝潢風格保證讓您滿意，整體裝修的費用會先報給您，您可以看一下材料表。」

王先生：「好，我看看。」

在這個情況下，設計公司不斷強化王先生固定回話的模式，讓王先生接連回答「對啊」，再抓準時機提出自己的建議（好的裝潢材料，但價格較貴），因為王先生已經產生認同感，也因而能輕易接受這個論點。

讓對方多次回答正面的答案，會比強硬地讓對方接受新事物來得更有效果。

1 攻心重點：先拿下對方的信任

利用以下大範圍的話題，讓你說中的機率提升，更容易得到別人的信任。

例如：「最近一段時間，你是不是有什麼不順心的事呢？」、「半年內，你的工作可能會有一些新的變化。」等等，說中未來的事比說中過往的事，更能讓對方相信你說的話，也讓對方更信任你。

就如同日本石井裕之老師提出的「算命師的忠實粉絲」一樣，被說中的人會持續相信這個算命師。例如算命師為 20 個人算命，20 個人裡面說中 6 個，那這 6 個人之後一定會再回來找這位算命師算命。

然後，算命師在為這 6 個人算命的過程中，又算中了 3 個人，那可以確定這 3 個人最後一定會成為這名算命師的忠實粉絲，不管算命師說的話有多玄妙，他們仍會深信不疑，這也是算命者願意端著大把鈔票去算命的原因。

對方是否相信你說的話，並不取決於你和對方的關係如何，而是你是否已經得到對方的信任，一旦贏得信任，那再離譜的事情他們也會相信。

② 提出讓對方一直說「對啊」的問題

當一個人不認同你的想法時，他們會堅決反對你的意見，遇到這種情況時，爭執只會產生相反的效果，誰都知道他們是不會輕易改變立場的。像這種時候，不動聲色地問一些讓他們連續回答「對啊」的問題，引導他們回答，就能讓他們逐漸改變態度和立場，非常神奇。

例如當你第一次跟對方見面，想跟對方交朋友時，你可以這樣閒聊：「今天天氣很好耶」、「今年颱風特別多耶」、「那家店的人好多啊」；如果是與商場上的對象交談，你可以這樣說：「最近工作很忙吧？」等等，隨後再提出你預想好的話題，如果對方沒有直接回答，只是不在意地點了點頭，也代表他認同你說的話。

如果和對方需要長期聯絡，或是很了解對方、很清楚對方的行動，在這種情況下，站在對方的立場上，再輔以讓對方說「對啊」的技巧，那他就會很樂意接受你的各種建議。

3 對方說「沒有」也不用擔心

如果你在談話的過程中，對方的回答都剛好是「沒有」、「不是耶」，你也不用太擔心。因為當對方說「不是耶」的時候，我們可以不斷再問新的問題，重新拉回「對啊」的肯定回答中。例如：

雅方：「聽說妳下班要去逛街呀？」

宜婷：「對阿，很久沒逛街了。」

雅方：「妳要買什麼東西嗎？」

宜婷：「沒有耶，我只是閒著沒事，隨便逛逛。」

雅方：「是喔，沒有約會嗎？」

宜婷：「對阿，這麼早回家也很無聊，韓劇都追完了。」

雅方：「這樣子阿，那妳應該會想參加一些活動吧？」

宜婷：「會阿，如果有的話。」

雅方：「那和我們一起去爬山如何？」

宜婷：「好呀，什麼時候去？」

宜婷的「沒有耶」否定了同事雅方的猜測，但雅方只詢問一句，就讓對方重新回到了答案的「是啊」模式當中。

多數時候，對方如果說「不是」，其實並沒有那麼困難，因為我們可以讓談話順著我們的思維進行下去，繼而將否定變成肯定，最後達成我們的目的。

當我們明白了謊言也可以讓聽者相信，掌握讓對方信任自己的攻心術後，那無論在何種場合，都不會覺得太過拘謹或手足無措，你會感受到要讓對方相信你說的話，其實是一件容易的事情。

如果碰到不能配合我們攻心的人時，也不要輕易放棄，要學會和他們相處，這樣我們的經驗就會越來越豐富，也就知道這樣的狀況如何處理會更好。

3 雙贏，能創造日後的信任

在面對共同利益的時候，多數人往往會選擇與對方進行一番競爭，而不是想辦法與對方合作，進而得到共同利益，這是人們的天性使然。

但多數時候，若我們能在合理的條件下與對方合作，那雙贏就可說是一種最圓滿的結局。競爭必有輸贏，倘若合作能共創雙贏，相信聰明的人都會選擇雙贏的局面，但雙贏多半需要靠攻心才能達到目的。

放下身段，合作才能實現雙贏

在我們的認知當中，合作只存在於商場上的夥伴或是競爭對手之間，認為這件事和敵人、仇人之間毫無關係。但其實只要我們放寬心胸，跟任何人都可以用合作的方式，來達到雙贏的結局。

我們說「截長補短」是合作的最佳方式，不要看到別人開餐廳賺得多，就萌生在隔壁再開一間餐廳的想法，事實上，開一家「飲料店」會比開第二間「餐廳」，更能讓彼此實現利益上的雙贏。

就像瞎子和跛子，即便他們遭遇火災，只要彼此能合作，也同樣能順利逃離火海，保住彼此的生命，實現生命的雙贏。

此外，「互惠互利」也是實現雙贏的方法之一，利用了我們的互惠心理，那就是如果你對我有些小恩惠，那我就必須想辦法還你一些恩情，這種心理是大多數人都不能抗拒的，即便對方是你的敵人或競爭對手，這也是人家常說的「人情債」。

好比《三國演義》中，關羽在華容道故意放走曹操，就是為了回報曹操的放走之恩，像這樣的做法就是互惠的表現，你放過我一次，我回報你一次，從此兩人互不相欠，這就是一種合作雙贏。

雙贏，勝過兩敗俱傷

多數時候，沒有合作意識的競爭會導致兩敗俱傷，即使你真的贏了，那也會為這表面上的成功，付出更多看不到的代價。

「人不可貌相，海水不可斗量」，每個人都有他的長處，我們不能從單方面輕視一個人，過度主觀地認為他們沒有可用之處，進而小看他們，這很容易造成你未來成事的損失。

現今社會注重團隊合作，因為一個人的能力是有限的，就算你真的很聰明且非常有能力，但在有限時間內，也未必能完成大量的工作，即使真的完成了，品質的好壞也無法得到保證。反之，善於合作、注重團隊力量，你就不用一肩扛起而身心俱疲，如此你既能不慌不忙地完成工作，還能得到適當的休息，而別人也能從工作中得到成就感與好處，這就是合作所能達成的雙贏。

一同來看看《負荊請罪》這則故事，完美說明只有合作才能實現雙贏。

藺相如憑著自己的智慧和有力的辯說，使自己坐上丞相的位置，而和他同為臣子的廉頗知道後非常不滿，不服地說：「藺相如有什麼好的？他僅憑著三寸不爛之舌就坐上丞相的位置，我可是征戰南北的大將軍，他憑什麼跟我平起平坐？」藺相如聽說此事之後並沒有放在心上。

時隔不久，廉頗又狂妄地說：「哪天我要是見到藺相如，一定要好好和他較量較量。」這話傳到藺相如耳裡，藺相如每次碰到廉頗時，大老遠就避開他。廉頗知道後，大笑說：「我就知道藺相如不敢和我正面較量，他沒那個膽子。」

廉頗府中的僕人把這消息傳了出去，藺相如府中的僕人聽到後，不滿地為主子打抱不平。有一次，藺相如又為了避讓廉頗，轉道而走，替他抬轎的僕人不滿地說：「大人，廉頗有什麼好怕的？為什麼我們每次都要避著他？」藺相如笑著回：「我不是怕他。廉頗將軍和秦王比起來，誰更可怕？」僕人說：「自然是秦王了。」藺相如說：「那就對了。秦王我都不怕，難道還會怕廉頗嗎？現在秦王不敢來犯我們趙國，就是因為文有我，武有廉頗將軍。如果我們之間相爭，秦國必定趁機圍攻趙國，我這是以大局為重啊。」

廉頗事後聽到藺相如的話，感到羞愧不已，第二天便揹著荊條、赤著上身到丞相府負荊請罪，藺相如非但沒有怪他，還熱情地招待他，從此兩人成為無話不談的好朋友，秦國也多年不敢進攻趙國。

如果當時藺相如聽到廉頗的話後便去和廉頗爭執，那他們之間的矛盾會愈演愈烈，趙國也會因為他們兩人的爭鬥而處於危險之中。反之，故事的結局大家都知道，他們實現了成為好友和穩定國家富強的兩個重要砥柱，形成雙贏的局面。

☑ 合作前，不能少了公平立場

合作只有在合理的環境下達成，才能達到我們預期的效果，如果地位較高的一方始終居高臨下，用命令、指揮的語氣去和另一方交涉，那另一方肯定不會甘願接受，或許還會因為這種不公平的作法，做出反抗、刁難、背叛等行為，使合作成為泡影。

☑ 合作時，需要雙方相互尊重

只有雙方之間相互尊重，彼此才能沒有隔閡，相互傳達的情報也會是可靠、沒有保留的。在實際生活中，能夠實現雙贏的方法很多，但最大的關鍵是要先學會雙方互相尊重。

先建立起這個大前提，雙贏才有機會實現。而實現雙贏後，你與對方之間的羈絆會越來越多，往後想得到對方的信任也是不難達成的事情。

☑ 合作後，樂苦共享

在合作的過程中，目標當然是要實現「利益共贏」，在合作成功的時候，大家可以一起分享快樂與好處；反之在失利的時候，雙方也要勇於分擔責任。若彼此互相推託、卸責的話，就比當初不合作的狀況更糟，豈不諷刺？

合作才能實現雙贏，不想與別人合作的人是無法了解雙贏好處的，而雙贏更是獲得對方信任的基礎，只有先實現雙贏，才有機會贏得往後的信任。當我們清楚「合作」、「雙贏」、「信任」之間的關係，就可以更靈活地運用在生活上。

4 改善關係，化被動於主動

一樣米養百種人，人的個性說有幾種就有幾種，喜好也各不相同，有的人也許非常欣賞你的個性，有的人卻可能非常討厭你的做法。

這個人可能是你新認識的朋友，也可能是你的上司或同事，甚至是你的同學或鄰居……這些人都是經常見到面的人，我們也不可能避開不見。如果他們對你感到不滿，你們之間就會存在著隔閡，相處起來也不會多順利和愉快。

當然，我們不可能去滿足、迎合每個人的喜好。因此，當我們遇到不喜歡自己的人時，最簡單的方法有兩種，一是先攻心對方，二是請他們發表意見，給予批評，我們才能化被動為主動。

別太相信眼睛所看到的事物

網路上流行著許多表情符號，人們之所以接受和認同這些心情符號，是因為人們因喜怒哀樂而表現出的真實表情，和這些表情符號有著很高的相似度。

這些圖像能生動地向他人傳達我們的內在情緒，可是有時候對方可能正在生氣，但丟出來的對話框裡卻是一個笑臉，與真實想法背道而馳，所以讀者朋友們千萬別太相信眼睛所看到的事情，要注意我們一直強調的重點——「觀察」。

透過觀察對方的表情變化、言行舉止、說話語調，我們能判斷出一個人的情緒狀況。請問讀心高手為什麼每句話都能說到對方的心坎裡？就是因為他們能透過別人外在表現，抓住對方內心所想，不斷說中對方深藏的心思，從而博得對方的信任。

在與別人的交往中，如果能知曉對方的想法與內在性格，就能輕鬆地和對方建立起良好的關係。

讓「和自己對立的人」發表意見

別人不喜歡自己的時候通常有兩種情況，一是非常清楚對方為什麼討厭自己，要不就是完全不明白對方為什麼討厭自己，也許讀者朋友認為這是當然的，但針對這兩者的處理方式是不同的。

如果是第一種情況「非常清楚對方為什麼討厭自己」，那你可以就對方提出的意見，在日後的相處當中，避免出現那些使對方反感的言行舉止，相信隨著時間的流逝，對方就會慢慢淡化對你的壞印象。

如果是第二種情況「完全不知道對方為什麼會討厭自己」，對於這樣的人，就算讓他們發表意見也通常不會有什麼結果。如果你非要對方給出一個理由，他反而會認為你有針對性，使彼此的關係變得更緊張，碰到這種情況的時候，不妨放低姿態，請對方給予批評、指教，相信對方終究會說出他的不滿之處，這樣你們之間的關係就能逐漸好轉。

與對方從原先對立的關係轉變為友好關係，對方就會逐漸對你放鬆緊戒，你也可以趁機掌握主導權，讓局面照你所預想的方向發展。

姿態放低，暴露缺點

俗話說：「大象無形，至剛易折。人也是這樣，如果你顯得處處比人強，那你必然遭到別人的誹謗和不滿，因為大多數人都會對處處比自己強的人心懷敵意，特別是在職場當中，如果你愛逞強和表現自己，總擺出一副高傲的姿態，那不論是上司還是同事，都會對你心存戒備，不滿於你。

人都是不完美的，沒有一個人有能力辦好所有的事情，當然，如果你能放下姿態，對別人暴露出一些自身的缺點，請求別人的幫助，那周遭的人就會解除對你的戒備，轉而支持你，輕易得到對方的認同。

尤其是在職場上，無論是在同事面前，還是上司面前，都不要讓自己顯得能力太好，這樣會將自己孤立起來，對上司構成威脅，影響自己往後的工作和發展。

相反地，如果你稍微放低姿態，向他們暴露出自己的不足之處，時常虛心地向他們請教，表示希望得到他們的幫助，這樣不但能消除對方的戒備心，還能讓他們產生成就感，對你往後的行事也有所幫助。

1 觀察對方的說話方式，再攻心

當一個人不高興或是沒有耐心時，就會顯得話很少，即便是發表意見，聲音也會顯得軟弱小聲，對交談也提不起興趣。

相反地，一個人平時如果沉默寡言，一旦說謊時，就會變得特別健談，整個人顯得比較急躁，這些都是說話方式表現出內心狀態的常見情形，改善關係前必須先注意。

2 手腳動作表露感情

人在把注意力集中在臉上，試圖掩蓋表情的同時，很容易引起手腳的動作改變。我們可以把這種狀況理解為「能量的轉換」，把整體活動分解成頻繁的局部活動。例如，當一個人久坐感到不耐煩的時候，指尖和兩腳就會不停地變換動作。

③ 請教對方，從被動轉為主動

虛心向對方請教，抬高別人，貶低自己，不是任何人都做得來或願意去做的，這種做法看似自己主動讓步給別人，處於被動的地位，但其實是為了讓對方放鬆戒備，能輕鬆地與你交談，在不知不覺間把主導權轉移到自己身上，讓事情按照自己的計畫進行下去。

以這樣的方式與別人相處，不會讓對方感覺自己是被迫接受你的思想和意見，而是自願的，所以事情會進展得較為順利。

細心解讀，熟練前述觀察表情和動作技巧，我們就能快速看透他人的內心所想，並有效調整自己的談話策略。化被動為主動的方法很多，也沒有所謂「一定成功」的方法，如果我們能針對問題具體分析，力求以最精準地方法來達到最好的效果，那就能順利達成心中所想。

5 質問或拒絕，引導對方的思路

想引導一個人改變想法，就要先明白這個人內心真正的想法，只有看準了他的心思，我們才能採取有利的措施，促使對方跟著自己的想法走。

而通常要清楚別人的內心想法，就得問對方一些問題，當然，有時問到一些敏感的話題，會讓對方對你產生防備，有所防禦。除了直接詢問，我們還可以用「假裝沒事」的說法，來問出他們的心思。

有效詢問：從對方的喜好入手

從對方的喜好入手是有效詢問的一種，在和目標對象聊天時，從對方喜歡的人事物話題著手，然後再擴大談話範圍，把話題拉回對方身上。

當然，你可能會有疑問，你根本不認識對方，也不了解對方，要怎麼做，才能得知他們喜歡什麼人事物呢？其實只要在交流的過程中仔細觀察，這些都是看得出來的。

例如，對方用的是最新款 iPhone 手機，你就可以知道對方是一個追求質感、喜歡時尚新潮的人，這時候可以這樣試著交談：

小美：「你的手機是新的 iPhone 嗎？」

莉娜：「對阿，怎麼了嗎？」

小美：「喔，這是最新的耶，看來你是一個很潮的人啊。」

莉娜：「哈哈，是這樣嗎？」

小美：「嗯，而且這樣的手機很符合你的氣質。」

莉娜：「嗯，這手機不但外型簡約好看，功能也相當不錯，我個人覺得常需要用到手機的商務人士蠻適合的。」

小美：「是嗎？那你是從事什麼工作的呢？」

莉娜：「我是業務經理，最近剛好接到一筆大單，忙得焦頭爛額。」

從對方喜歡的事物開始你的話題，既可以對準他的心思，使對方不會對這個話題反感，和你暢談下去，更不會因為你們之間陌生的關係而對你有所防範，不肯順著你的話題交談下去。

既然是他們喜歡的人事物，他們一定也會對這樣的話題表現出興趣，只要將談話深入到一定程度，自然不用你問，他們就會暴露出和自己有關的資訊，這時只要你挑著話講，稍加引導就能知道對方的個性和喜好。

有效情報：給個大範圍的預設框架話題

本來雙方都是懷著愉悅的心情交談的，如果你在與對方交談時，一開始就說些跟對方意見不合的話題，會讓對方心裡感覺不好，憋著一股怒氣，那接下來的談話也會不大順利，假如對方是一個讀心高手，那他可能反過來牽著你的鼻子走，讓你順著他的話回答。我們來看以下這段對話：

蘇偉：「妳是個感情豐富的人吧？但因為不善於表達，所以有時候容易產生一些誤會。」（預設框架）

琳恩：「嗯……還好，我沒有特別愛哭或愛生氣。」（超出預設框架）

蘇偉：「喔，我是說妳對人都很好，只是有時候還是會莫名的跟人發生誤會？」（拉回預設框架）

琳恩：「是阿，上禮拜筱柔不知道為什麼生我的氣，我平常真的對她很好。」（自己找到事實證明）

蘇偉：「嗯，可能你們兩個都不善於說心裡話吧。」

諸如此類的話題，都能順利帶出對方的情報，所以學會拉回預設框架是重點。

☑ 每個人都會對號入座

這同樣是人們不自覺地一種表現，當我們聽某個人說話的時候，就算心裡已經知道對方說的事情都和自己無關，但在聽他們說話的時候，很神奇地，我們還是會不由自主地將情況套用在自己身上，自己「對號入座」。就像是看照片的時候，沒有例外，每個人都是先看自己拍得好不好看，最關心的都是自己，反面來說，如果你想要得到對方的情報，只要設法讓他多說自己的事就好了。

☑ 找出實體例子

人們習慣將對方說不清楚的話語轉換成具體的例子去理解。例如對方跟你說：「我想，你一定有過很辛苦的時候吧？」你會不自覺地開始在腦海中探索，試圖回憶起自己經歷過的痛苦事，努力找到「這個痛苦」，來證明自己說的話是真的。

「辛苦的時期」這是個無限延伸的主題，因此每個人最後都會找到相符的「辛苦時期」，例如考大學、帶孩子或到國外工作的時候等。

☑ 說清楚、講明白的習慣

這種原理是，當某個人提出一個模糊不清的概念時，我們都會想要用清楚、明朗的事實去「解釋」、「說明」它，讓這個概念變得清楚、圓滿。也就是說，當有誰對你提出一個模糊的問題時，你會在思考如何回覆的這段時間內，不斷找出各種事實去滿足這個問題，使回答在規則下是正確的。反面來說，如果對方故意這樣說，就要小心暴露太多情報了。

☑ 拒絕時，也要讓對方說「是啊」

在平常的生活和人際交往當中，我們若想控制住局面，就要靈活地運用讓對方說「是」的談話技巧，還要在自己辦不到或達不到他人的請求時，勇敢地向對方說「不」，讓對方知道你的真誠，接受你的拒絕。

在對方提出請求，你決定要拒絕時，就要果斷處理，不可拖拖拉拉，讓對方心生懷疑，不相信你的真誠。如果你的理由確實充分，相信對方會說「是啊」，能理解你的做法。

在人際交往和商業談判中，誰都想搶下主導權，讓對方跟著自己的思路走，而不是讓對方佔據有利局勢，被別人牽著鼻子走。攻心高手都深諳「以退為進」這個道理，他們會主動示弱，請求對立者給予批評；會放低姿態，曝露出自己的缺點，消除對方的防備心；虛心請教對方，化被動為主動等，從而掌控整個形勢。

此外，在人際交往中，千萬不要因為朋友關係、客戶關係等，被迫答應別人一些不合理的要求和條件，若能勇於拒絕別人的不合理要求，就能達到「奪得主導權」和「得到對方理解」的雙贏。

6 你的功勞，務必讓人知道

在這個競爭激烈的現代社會中，假如你的工作能力很好，卻不讓別人知道，那要如何得到好的評價，使自己發展得更為順利呢？

將自己優異的工作成果表現出來是需要技巧的，你必須懂得「自我宣傳」，這種積極表現自我的方式，又可稱之為「美式表現」。基本上亞洲人較為保守，若過為積極，可能會招人閒話，引起負面評價，反而產生不好的觀感。

因此，若表達方式不恰當，反而會讓人留下「討厭的傢伙」、「搶功勞」等負面印象，甚至可能被主管、同事排擠，也就是所謂的「樹大招風」。

所以在使用這個方法做自我宣傳時，一定要特別注意「不露痕跡」這個原則，這一點必須謹記在心。

找出你的「能力」和「努力點」，建立功勞

首先，我們想想看自己所建立的功勞或工作上的好表現，到底有多少價值？你可以假設是你的下屬建立了功勞（或是在工作上有好的表現），而你要給予他怎樣的評價，你必須想辦法讓對方了解到你對此項功勞的貢獻有多大，或是此項功勞本身的價值有多高。

如果兩樣都能讓對方明白的話，那再好不過了，即使對方只體認出其中一項價值，你所能獲得的評價也將比以前大幅躍進。

事實上，這個戰術是根據心理學裡的「歸因理論」所研擬出來，歸因簡單來說就是找出原因。例如在 MLB 球季時，我們時常可以聽到這樣的對話：「昨天洋基隊會輸，都是因為投手的狀況太爛，一直投壞球、失誤！」、「教練的選手調度得太差！」、「因為對手的狀況太好了啦！」這種解釋原因的對話，經常出現在我們的日常生活當中。

而在歸因理論中，就是要把「原因」當中的「能力和努力」這種出自於自己身上的內在因素，以及「運氣、偶然、靠他人協助」等這些來自於外在條件的因素，明確且清楚地表現出來，這才具有實際效果。

簡而言之，讓對方認為這件事能成功，都是因為你的關係，使用「獨佔功勞」戰術。例如，在簽到合約跟主管報告時……

- **總算簽到了，這個客戶真是快把我給搞慘了，拜訪好多趟終於拿下！**
- **我簽到合約了！**

假如你是主管，你會給誰比較高的評價呢？我想絕大多數的上司應該都會覺得第一個比較好吧。第一種說法聽起來功勞比較大，又能不經意地給人「努力不懈，終於獲得最後勝利」的印象。相對來說，第二種說話僅止於「事實的說明」而已。還有其他說法，例如：

- **這次的企劃都我在張羅，簡直要做到吐血了！**
- **以前從來沒有像這樣的合約，可以說是一切從零開始，真是快把我搞慘了。**
- **客戶提出很多天馬行空的意見，我拼命跟他溝通、調整，好在最後總算讓他滿意，順利過關了！**

上述所介紹的「獨佔功勞」戰術，它的訣竅在於讓對方明白，成功的原因不是「幸運」、「偶然」，也不是「其他人的幫忙」，而是「自己的能力」與「自己的努力」。總而言之，就是要適度地將「自己」給凸顯出來，把成功的原因歸諸於內在因素而非外在因素上，好不容易才立下的功勞，要盡可能讓它成為自己的專利品。

☑ **多加一句話，凸顯你的功勞**

這裡的重點不在「人」而是「事」，你要讓對方清楚體認到「功勞本身的重要性」，這樣一來，對方就會覺得：「哇！你立下這麼大的功勞阿！」而對你投以更高的評價，當然，也會對立下功勞的你更加刮目相看。例如……

★詹姆斯：「我簽到 A 公司的合約了！」

★丹尼：「我簽到 A 公司的合約了，這份合約對我們進軍新地區有很大的幫助！」

無庸置疑，丹尼的評價絕對高於詹姆斯，因為聽到這句話的人，會對這份合約帶來的好處有更簡明、具體的了解，所以攻心的奧妙就在於此。

即使是同樣的功勞，因說話者不同的表達方式，獲得的評價也大大不同，只多加一句話就有這麼好的效果，怎能不好好活用它呢？

這一招的訣竅就在於，盡可能使公司上層或上司了解你的功勞所帶來的良好效果，因此，清楚地分析這項成功對公司帶來的好處，變成一件相當重要的事情。此外，還要盡可能用具體的言辭或數字，讓對方快速明白效果的突出。好比……

★這次的合約，大概能替公司賺進 150 萬的利潤。

★我希望藉由這個案子，多少提高公司對我們這個部門的評價。

☑ 藉由「謙遜」博得好感

但這種方法如果使用不當，恐怕會給人留下「令人討厭」、「大言不慚」的印象，這也是應用「自我宣傳」最大的難處。也就是說，大家認同你「能力」的同時，你的「好感度」也很容易受到破壞。

因此，建議各位最好將華人特有的「謙虛」也放進去，其實在我們的日常生活中，經常會不自覺地有這種謙虛的表現。例如在訪問體育選手時，常常聽到這樣的話。

★這次比賽能贏，都是照著教練安排的訓練去操作而已。

★我是運氣好，才能早個零點幾秒跑到終點。

相信大家不會真的認為這些選手只是運氣好而已吧？反而會覺得：「正因為他很優秀，所以才說得如此謙虛。」而對這些選手有更高的評價。至少，大家一定會對他投以好感。

謙遜能使對方對你產生好感，在這一點上，它的效果是無庸置疑的，我們早已在傳統教育中練就出博得他人好感的謙遜態度，但可惜的是，除了謙遜外便沒有其他益處。光是謙遜，也許別人會覺得你是一個「好人」，但不會認為你是一位「有能力的人才」。因此，將前面多種戰略混在一起運用是很重要的。

例如：「終於簽到那間公司的合約了！跑了好幾趟，辛苦總算有代價，替以後進軍該地區開了一條路！不過，能有這次的成功，全都是因為有主任給我的建議。」

所謂的謙遜還有這種用法：「多謝大家的幫忙，我才得以完成這項很棒的任務！」如此一來，這就是一個完美的表現了。

尤其是獲得了別人的幫助時，謙遜的態度就顯得特別重要，即使別人對你的幫助只有一點點。如果是完全靠自己獨力完成的工作，那就可以獨佔，但一般在過程中，或多或少會得到其他人的幫忙，所以不管在什麼樣的場合，抱持著謙遜的態度總不會吃虧。

一方面要顯示自己很有才幹，同時還要獲得他人好感，這就是讓我們加分最好的宣傳。

☑ 讓人注意到你的小功勞

整體來說，自我宣傳只有在「建立了功勞的時候」才能使用，但如果你建立了大功勞，那不用你說，別人自然也會注意到。但可能會出現一個問題，就是如果並非什麼大功勞，只是個「不無小補的功勞」，那該怎麼辦？例如：

★寫出一份好的企劃書。
★開會時順利完成報告。

上述等等，能表現出你能力的機會可說是比比皆是，像這種時候，如果運用自我宣傳法，稍微多加一句，會有什麼效果呢？例如：「為了這次的企劃，我查了不少製作企劃案的書，能不能麻煩您替我看看，有沒有哪些需要改善的地方？」

讓對方知道「成功的原因在於自己」，表明成功並非出自「運氣」、「偶然」或「靠別人幫助」，而是因為自己的「能力」和「努力」。

讓對方知道「此番成就的重要性」，分析這次的成就可替公司帶來多大的好處，採取謙遜的方式表達，就能博得好感。

不經意的一句話，但有沒有潤飾感覺就差很多。平常一些瑣碎小事，對自己來說很重要，但卻很容易被別人忽視，這種時候就更需要積極地「自我宣傳」才行。

能否讓別人覺得你是個有才幹的人，取決於你平日有沒有好好地自我表現，時常不著痕跡地向上司表明你的小成就或辛勞是很重要的，這些平日努力所累積的成就，會在將來匯聚成一股巨流，使你倍受恩澤。

7 先當楷模，以驅使他人

「我留下來，你們先回去吧！」

「這件事不只是你的問題，我也有責任，我們明天再來討論要怎麼解決！」

同事或下屬下班後，仍留下來默默工作的主管；或是為了補救下屬的缺失，所以假日到公司加班，卻不以為意的主管……如果你遇到這樣的人，你會怎麼想呢？

第一個浮現的念頭應該是──「罪惡感」吧！的確，你已經把自己的工作做完，按照公司規定的時間下班，也沒有做錯任何事，但當上述那種人出現在你面前時，不管他是上司、同事還是下屬，我想大多數人都會有股罪惡感油然而生，而我們便可以利用這股罪惡感加以攻心。

「負責」及「認真」在現今社會中，始終被視為一種好的工作表現，因而能讓罪惡感更輕易被顯現出來，使人感到「不好意思」，例如：「他這麼努力工作，而我……」尤其在亞洲，大概很少有人會認為「能迅速地把工作做完，然後就可以跑去玩」是聰明又傑出的人吧？所以這種罪惡感會給我們帶來不快，自然想除去這種不自在的感覺。

而在罪惡感之後，接著出現的便是──「給予對方高度的評價」。通常我們會以一種類似放棄自己的心情去讚美對方，並將自己沒有如那個人一般努力的行為做合理解釋，好比：「他和我不一樣，他是吃苦耐勞的人！」

還有另一個會出現的狀況是——「效法對方的行為」，只要對方加班，那自己也一起跟著加班，這樣一來罪惡感便無從生起。

不管怎麼樣，成為他人的模範，不但能獲得較高的評價，還更易於驅使別人做事。就算無法直接讓對方以你為典範，但至少評價攀升，當你對別人有所要求時，也比較容易得到善意的回應。

這種以成為他人模範，藉以提高他人對自己的評價，或驅使他人行動的技巧也是攻心的方法之一，更容易達成你的目的。

強調自己是在自我犧牲下做事

首先要介紹的是「自我犧牲」的戰略，也就是做別人不願意做的事，為了別人而犧牲自己。例如：為了團隊主動加班、為了讓別人順利休假，犧牲自己的假期、主動解決別人製造出來的麻煩等等。

只要想想哪些事情是重要的，並且會希望別人幫你做的，那就對了，因為這些事大多是大家不願意去做的，所以只要你做了，效果便會非常好。

另一方面，在言詞上也別忘了表示「自己是為了大家而犧牲」，例如……

- **「我沒關係，大寶，你就照你的計畫排休吧。」**
- **「我今天來得比較早，所以就稍微整理了資料。」**

這兩種說法都非常有效，還有以下幾種方式供讀者們參考。

用行動代替出來

這裡要注意的是，如果成天在嘴巴上掛著「我為了大家這麼辛苦！」這種話聽起來很像是抱怨，但實際上光嘴裡發牢騷，卻什麼事也沒做的人卻多得是。你覺得自己做了很大的犧牲，但別人可能根本沒有發現，也沒有記在心上，因此，這招有個關鍵在於：你的行動和言詞是否一致。

即使在行動上有一定程度的付出，但一旦掛在嘴上，就很容易產生反效果，對你有「惹人厭」或是「想邀功」的想法，所以「自我犧牲」之類的話最好別說出口，默默以行動來表明才是上上策。

也許你會擔心「萬一別人都沒有看見我在為大家默默犧牲，那怎麼辦？」放心！就算別人嘴裡不說，心裡八成還是有數的。如果急於得到別人的肯定而說出口，可能帶來反效果，因此與其冒險訴諸於言詞，倒不如默默耕耘，成效絕對比說出口的要大。

2 真要說時，用輕鬆的態度

話雖如此，人有的時候還是會很想知道自己的付出，周遭的人到底知不知道，這個時候不妨以下面這樣的方式來試探。

- **反正我今天晚上也沒事，就留下來繼續做好了。**
- **假日偶爾來公司加班，感覺完全不一樣呢。**

像這樣，用毫不在意的口吻來敘述，當然「說法」是很重要的關鍵，切記不要用嘮嘮叨叨的口吻說，要以不經意的語氣，稍微帶出就行了。

③ 讓別人知道自己很龜毛

不只是做別人不願辛苦做的事而已，而是要讓別人知道其實你是位完美主義者。實際上的行動，例如像是「不管要重寫多少次，也一定要寫出能讓自己滿意的企劃」，或是「為了開發新客戶，付出所有努力也在所不惜」等等。

如果要說出來，可以用這樣的說法。

「我這個人比較龜毛，如果事情沒做好便不會放棄！」理想主義與自我犧牲不同，就算事情尚未見到下文，也是會有些許效果。別人可能會覺得你故作清高，但身為上班族，也很難去批評你這樣行事是不對的，因為至少你有這個心，所以多少能接受這樣的說詞。

然而如果言行總不能合一的話，一樣會招致最壞的結局，例如總說：「我一定要努力簽到新合約！」結果一張合約也沒有簽到；每天把「工作就是我人生的意義」這句話掛在嘴邊，卻天天遲到，翹班有如家常便飯……等等，像這種人到頭來只會被別人貼上「言行不一」或「只會說」的標籤而已，什麼好處也撈不到。

順便一提，媒體上常常會披露一些知名人士「言行不一」的事實，而這些真面目被抖出來的人，往往會遭到社會大眾極大的責難。當然，這樣的人大多會遭到媒體及社會大眾輿論的批判，我們雖然並非名人，但類似的行為還是要徹底避免才好。即使你真的抱持著努力不懈的心態，可是你必須明白現今社會講求的是成果，要將此點牢記在心。

Lesson 7

輕鬆討好各種對象

人見人愛的技巧

I 初次見面，就掌握主導權

對小孩的教育，家長總要讓孩子們贏在起跑點上；和他人初次見面的時候，就掌握住主導權也是非常重要的，由此可見，「初次」與「贏」的連帶關係有多麼重要。

如果想在和對方的相處中，讓對方跟著你的想法走，那你就要做得不露痕跡，讓對方在沒有防備的情況下走入你的詭計之中，讓他們無條件地服從你的指揮。

欲擒故縱，把對方晾在一邊

我們都知道，在跟貓狗寵物玩的時候，如果你拿著逗貓棒之類的東西，不停地在牠們面前晃來晃去，牠們就會顯得很興奮，不停地追著逗貓棒跳來跳去，但如果你把逗貓棒丟給牠們自己玩，那不出一下子，牠們就會覺得無趣，把逗貓棒丟在一旁不理睬了。

這種情形，其實對於我們人來說也一樣適用，越是得不到的東西，我們就越會費心思想得到，可是一旦得到之後，就不會像之前那樣繼續付出精力了。

在交談中也一樣，如果你對交談對象過度讚美恭維，他們就會表現得高傲，用不屑的態度和你交談，但只要你稍加冷落他們，和周圍的人暢談，他們的態度會軟化一些，希望能加入交談當中，這也意味著你掌握了主導權。當然，你的目的在這樣的立場當中，就更容易達到了。

運用這個招數時，選擇人多的場合是必要的，因為只有人多的時候，才能確保這種方法的絕佳效果。而在運用這種方法的時候，要注意以下幾點：

- **說話的時候，可以忽視交談的對象，但你聊的話題內容要廣泛，必須是大多數人能聊的。**
- **當你準備交談的對象對你表現出興趣，希望能與你交談時，這種時候你不要表現出迫切希望跟他們交談的樣子，只需要淡淡回應他們，然後再適當地讚美他們，便能收到意想不到的效果。**
- **當對方對你表現出高度興趣，想與你交談時，這時候你可以單獨和他相處，再運用前述的攻心技巧來了解他。**

我們常會有這種感覺，那就是你對某個人越熱情、對他好，他就會以為你對他有企圖，或是對你反感而遠離你。但相反地，距離產生美感，當你對一個人表現得冷漠，他就會對你充滿好奇，即使你不去理睬他，他也會想方設法地主動與你交談。從另一方面來說，這也是成功掌握主導權的表現。

如何拿到對方的聯絡方式

成功「搭訕」對方之後，你便要向對方索取聯絡方式，使你們的關係得以繼續發展。

詢問對方的電話號碼時，最簡單的方法就是直接表明自己的目的，開口詢問對方，不過這也是最不妥的方法，你可以試著用更聰明的方式，例如開開玩笑，用輕鬆的口吻來達到你的最終目的。

「你玩的這款遊戲我也很喜歡，有空我們一起玩吧，這是我的手機號碼，下次一起比試一下！」

這樣說的時候，如果對方有點猶豫不決，你就可以直接開門見山地說：「你不用擔心，我不會奪命連環 Call，玩遊戲才會問你，看看你有沒有在線上。」

不過有些人是非常保護隱私的，無論你怎麼說、釋出多大的誠意，他都不會輕易地把聯絡方式告訴你，像這種時候你也不要勉強，可以再和他相處久一點，等對方對你的信任達到一定程度時，自然會把自己的聯絡方式告訴你。

① 全神貫注傾聽，是贏得信任的法寶

通常一個表現積極、做事時能展現出魄力的人，還不及於一個踏實穩重的人，更能得到別人的信賴，這是為什麼呢？

因為踏實穩重的人，善於傾聽別人的談話，在傾聽別人說話時非常認真，既表現出自己的穩重，也展現出自己值得信任的一面。反之，表現積極的人時刻想要表現自己，在別人發表意見的過程中沒有耐心，急於打斷對方的談話，使對方也沒有耐心再和他交談下去。

由此看來，一個能贏得別人信任的交談對象，通常是能以平和的心來認真傾聽對方說話的人，而這也成為人際關係中最重要的一種交際能力。

② 用反向說法設下圈套

如果你很想和對方成為朋友，在見到他們之後便直接了當地稱讚他們：「你真活潑，看到你真令人開心。」若你突兀地說出這樣的話，對方聽到後會馬上產生防備心，因為這是故意表現出的恭維，反而不真實。

這時，若能用反向的說法說：「你應該很活潑（或是優秀、有親和力、人很好）吧，只是還沒有完全表現出來呢。」對方在聽到這樣的稱讚之後，即使自己不屬於這樣的性格，也會不由自主地想表現得跟你說的「他」相同，以印證你的讚美是對的。

因為任何人在被讚美的時候，都希望自己能給別人留下更好的印象，將別人對他的讚美表現得更淋漓盡致，這就是反向說法的效果。因為多數人寧願偽裝，也不希望自己的表現讓別人失望，把別人對自己的讚美變成感嘆。

於是，對方就會在你的「激勵」下，不知不覺地陷入你設好的圈套之中，向著你「讚美」的方向發展。如此，你想要達成的目的，也就理所當然能實現了。此時在他們做出回答時，集中注意力是不可缺少的，要記好對你有用的情報內容，因為這對你接下來尋找共同話題時，有非常大的幫助，能成為許多話題的開端。

有時你剛認識一個新的朋友，想和他繼續來往下去，但不知道對方喜歡聊什麼樣的話題，太過直接地詢問會讓對方對你心存芥蒂，覺得跟你並沒有那麼熟稔，也可能讓本來可以勉強繼續交談下去的話題，因為你的冒失而中斷。

這時候，你可以運用心理戰術，採用欲擒故縱或反向問法，來掌控對方的心理走向，使自己抓回主導權，進一步控制局面。需要注意的是，不管遇到什麼情況，都不要過度慌張，相信自己可以，就能扭轉不利於自己的局勢，使事情照自己心中所想的劇本發展下去。

2 職場如戰場，有所不言

職場如戰場，辦公室是一個特殊的環境，同事之間不僅有著團結合作的關係，也同時存在競爭關係，不經意的一句話可能就會被同事記在心裡，把你視為競爭對手。

還要注意的是，你的身邊可能「潛伏」著老闆的耳目，假如你說話毫不顧忌，就可能傳風聲給老闆，轉而對你留下不好的印象。因此，在辦公室裡也要掌握好說話的分寸，除了攻心，不要在無意中透露太多自己的情報。

辦公室裡無數的眼睛

雅慧一畢業就找到一份很好的工作，原本辦公室裡的人除了工作需要，基本上都不聊天，所以活潑的雅惠自然成了大家的「開心果」，只要有她在，辦公室裡就充滿著笑聲。

有一天下班的時候，雅惠發現主管的車停在路邊，裡面坐著一名漂亮的年輕女生，第二天上班，雅惠就在辦公室裡主動跟大夥兒提她昨晚新發現的八卦，但沒想到同事們卻對這件事反應相當冷淡，隨即結束話題，將注意力放回工作上。

過沒幾天，雅慧被主管叫到辦公室裡單獨談話，告誡她要專心工作，少說一些跟工作無關的事情，雅慧出來後覺得很委屈，不曉得是誰去亂告自己的狀，絲毫沒有反省。議論上司本就是辦公室話題裡的一大地雷，更何況是主管的隱私，即使你不小心得知什麼，也要裝做什麼都不知道。

在辦公室裡，很有可能已經安插著上司的眼線，而且還不只一個或兩個，所以，當你想議論或抱怨上司的時候，還是忍一忍，回家再發洩吧。

☑ 辦公室內，少談私事

尤其是女性，很容易把同事當好友，在辦公室裡和人談論私人的事，但在職場中，各層關係錯綜複雜，最好不要讓工作上的人涉及自己的感情生活，這也是對自己的一種保護。

在辦公室裡聊天，有的人喜歡逞口舌之快說了不該說的話，事後後悔也多半於事無補，把同事當做好友的壞處遠比好處多，因為每個人都有可能變成競爭對手，當他知道的越多，就越容易攻擊到你，也就是說，你暴露得越多越容易被抓住把柄。所以，任何事說到一個分寸就可以了。

☑ 不打聽同事之間的薪水差異

由於員工之間的薪資往往存在著差異，很多公司都不喜歡職員互相打探薪水的問題，因為「同工不同酬」是老闆獎優懲劣的原則，所以老闆會格外提防喜歡打聽別人薪水的員工。

你有沒有打探別人薪水的不良習慣呢？如果有，還是馬上改掉吧，如果你身邊有這樣的同事的話，當他把話題轉到薪水上面時，要盡早打斷他的發言，免得惹麻煩上身。

☑ 不宣揚你的偉大夢想

雄心壯志人人都有，而且我們都鼓勵每個人要有自己的目標，因為有目標才有動力。不過你的雄心壯志只要在家人或朋友面前說說就好，千萬不要在辦公室裡大聲張揚。

如果你沒事喜歡在辦公室說：「我要自己創業當老闆！」就很容易被老闆當成敵人；如果你說：「35 歲前，我一定要升到經理！」那你就會被同事視為眼中釘，想辦法給你使絆，因為不光是你，每個人對自己都有著職業生涯規畫，你若主動公開自己的抱負，就等於是在向全體人宣戰、挑釁，他們自然會把你看成對手，處處提防你。

因此，做人要低調一些，該表現時一定要表現，不該表現時要韜光養晦，能力應該體現在做事上，而不是發揮於說大話上。

☑ 辦公室裡，避免撕破臉

「與人為善」是先人留給我們的祖訓，在辦公室裡，我們也要以和為貴，創造融洽的工作氛圍。因為每個人都是有個性的獨立個體，難免會有觀念不一致的時候，所以在辦公室裡，應該避免談論有爭議性的話題，即使觀點不統一，有什麼意見也可以保留，沒有必要非得將那些不一定有對錯的問題爭個你死我活。

把雄辯的口才留到談判桌上豈不是更好？若一味地爭強好勝，同事們也會對你敬而遠之，不久你可能就成為被孤立的小島了。

除此之外，我們也很難避免與同事之間的一些小衝突，不管是工作上的協調，還是理念上的不合，都不要在辦公室裡發生爭執，因為這對於解決問題沒有任何幫助，還會讓雙方面顏面盡失，成為同事茶餘飯後的話題。

而最重要的一點是，在辦公室與同事爭論，容易損害自己在同事與上司心中的形象，會強烈影響到日後職場生活的順利與否，不可不慎。

3 假裝菜鳥，推掉燙手山芋

這個方法就是以「表示自己無能為力，不願做不想做的事」來推掉麻煩。換言之就是：「我辦不到，所以不想做。」

根據心理學調查發現，人們的確有在日常生活中故意「大智若愚」的現象，例如在上班族中，有 12% 的人曾對上司裝過傻，而 14% 的人曾對同事裝過傻，雖然這樣可能會讓自身評價降低，但還是有不少比例的人這麼做，且有一成以上的人是在自己有意識的情況下裝傻。

什麼時候會用到這個招數

第一，不願意做不想做的事情。例如打雜、費時的工作，或單調乏味的工作等，還有像公司的運動會、內部活動的籌辦人也是其中之一，這種情形便會有不少人用「我不會做」或是「我對這方面不擅長」等理由來將不想做的事推掉。

第二，拒絕他人的請求。當別人找上你，希望你能幫助他時，你很難直接說「不要」吧？所以可以用「我也很想幫你，但我實在沒那個能力」的態度來婉轉拒絕。拒絕別人這件事，很難直接以「我不願意」的態度來拒絕，這樣可能會讓對方懷恨在心，但若是能用「自己無法控制」的原因來拒絕，以想幫你可是幫不了的方式，來訴說拒絕的意願，那情況就會變得簡單多了。

第三，降低別人對自己的期待。一個人如果得到他人高度的期待，固然是讓人高興的，但壓力也會隨之而來，因為萬一失敗了，受到高度期待的人，所帶給人的衝擊也會越大。

因此，藉由表現出自己的無能，來降低他人對自己的期待，即使將來失敗了，自身評價也不會因此下滑太多；相反地，如果成功了，反而會得到預期外的肯定，這是一個心理上的戰術。

這種招式如果使用得太過頻繁，很容易讓人留下「假惺惺」、「無能」、「不可靠」的印象。當自己反過來想請求人幫忙時，被他人拒絕的機率也會大幅提高，因此，我們要提醒自己不要使用過度，且「慎選使用的場合」，也就是說，要在與自身評價無關的地方使用。

舉個極端的例子，如果一個跑業務的人說：「我在別人面前講話會很緊張！」而拒絕參加公司的會議提報，那這件事對他來說，就是件嚴重的致命傷，但如果是從事研究工作的人說出這樣的話，那就另當別論了。所以，在任何話說出口之前，都要謹慎考慮才行。

讓對方擇一選擇，鞏固好感

此外，你可以善用「如果是 ×× 就沒問題，但如果是要幫忙○○，我實在是心有餘而力不足。」例如……

- **做報表我還有辦法，但寫企劃我就真的不行了。**
- **PPT 我倒是做過，但網頁設計什麼的我真的不會。**

當然，這麼說對方可能會冒出一句話：「既然那個你都能做了，那這個你學一下應該也很快，一定沒問題的！」不過再怎麼說，總比直接拒絕對方來得好，而且這種說法聽起來比較真實，也較容易成功。

① 表明自己無能為力

此招便是表明「我沒有能力做那件事，因此我不願意做！」的一種方法，根據工作內容，「無能」的內容也有所不同。

好比，別人要求你處理電腦文書資料時，你說：「電腦的事我沒辦法，光一頁 Word 我就要打很久了，說不定還會把重要資料用不見。」

又譬如，別人要求你算帳，你說：「我數學很差，可能會算錯！」等等，在這邊需注意的是，要用在與自己平常工作無關的事上。

不過，倘若「無能」不具真實性，那可就行不通了。例如剛才電腦處理的例子，如果本身任職於電腦公司，那麼說這種話誰會相信呢？另一個算帳的例子，如果發生在銀行裡，也絕對會顯得很不明智。只有在遇到平常越少接觸到的領域時，說這種話的可信度才會高。

所以說：「我沒做過」、「我可能會出錯」這些說詞前，一定要想想它是否具有可信度才行。

② 推薦別人代勞

這招得接在「表示無能為力」之後，以「我辦不到，你去拜託某某人比較好！」的說法，把矛頭指向他人的轉移目標法。

- 你說：「我對電腦沒辦法，不過大衛對電腦很熟，你去拜託他看看吧？」
- 你說：「我對數學最頭大了，佩佩之前好像是學會計的，她應該 OK 吧？」

像這樣提出一位在這方面能力比自己強的人，然後要對方去拜託他就行了。但這個方法一定會出現一個問題，就是可能招致那個被你「拖累」的人的怨恨，因為拜託人的人一定會說：「是 ×× 說請你幫忙比較快！」對方就會知道是你在推卸責任，心裡肯定會想：「可惡的傢伙，竟然把事情推給我。」

尤其當需要幫忙的工作，是大家都不想做的事情時，那這種惹來怨恨的可能性也就越高，所以最好在「這件事情是 ×× 最擅長的」眾所周知的場合上才可以使用。

③ 假裝忘記

當你實在無法拒絕對方的時候，就先接受他的要求，然後再假裝忘記。例如……

你說：「對不起，我完全忘記了！」

你說：「你那時候是說要我幫你什麼？」

這一招只要一句「忘了！」就能輕鬆解決，因此我們常會輕易地使用它。然而，雖然它的用法簡單，但聰明人仔細想想，會發現這招實在是不值得推薦，姑且先把「這樣好嗎？」的道德觀擺在一邊，使用這一招，一定會惹來對方的不悅，甚至被認為你是個「白目、馬馬虎虎」的人。

再說，別人會請你去幫忙做的事，多半都是棘手的事，所以在他對你死心，轉而去找其他人幫忙之前，要「持續一直」忘記他請你幫忙這件事，似乎也是一件不太容易的事。

但不管是真還是假，像上述那樣的人實在不算少數。

4 誰都需要善意的謊言

我們從小就被教育不可以說謊，說謊是變壞的開始。但試問，世上又有多少人能自豪一輩子沒說過謊呢？如果有人這樣對你說：「我就是沒說過謊。」你也會覺得這是他今生最大的謊言吧！

雖然我們在生活中不可避免地要說些小謊，但謊言終究是謊言，被拆穿的時候，就是撒謊者信賴崩壞的時候。因此，為了將來的信任關係，我們大多不會選擇說謊，但有一種謊言例外，那就是善意的謊言。

善意的謊言可以被原諒，因為它的動機是善意的，是以保護他人的內心及維護他人的同理心為出發點，那撒謊也無可厚非，如此就能讓說謊者和「被騙者」都開心，何樂而不為呢？

永不凋零的葉子

《最後一片葉子》是美國作家歐・亨利的一篇短篇小說，它的故事是這樣的……

蘇和瓊西都是年輕的畫家，兩人合租頂樓當畫室。樓下住著一位叫柏曼的老畫家，他的生活窮困潦倒，一心想畫出一幅曠世傑作，卻始終找不到適當的題材。

瓊西身體不好，不小心染上肺炎。她病懨懨地躺在床上，蘇盡心照料，害怕肺炎會奪走她的生命。有一天，醫生對蘇說：「你的朋友恐怕熬不過去了，能不能過關，全靠她自己的意志力。如果她夠堅強，還想好好活下去，那麼也許會出現奇蹟。」

瓊西躺在床上，望著窗外磚牆上的常春藤，數著被風吹落的樹葉，她說：「樹上的葉子快掉光了，現在只剩5片，當最後一片葉子掉落的時候，也是我離開的時候了。」蘇說：「不要亂想，妳一定會好起來的！」

蘇很擔心瓊西，於是到樓下找老畫家商量。這天夜裡，風雨交加，蘇很害怕，那麼大的風雨，那5片葉子怎麼可能撐得住今晚。翌日早晨，沒想到經過一夜風雨的吹打，樹上還有最後一片葉子牢牢地抓著枝條不放。

蘇鬆了一口氣，但瓊西卻說：「這最後一片葉子，一定熬不過今晚！它走了，我也會走。」瓊西滿臉絕望。

又經過一夜大風大雨，瓊西一早急忙叫蘇幫她拉開窗簾。窗簾一拉開，沒想到最後一片葉子仍在枝條上，堅強地活著。瓊西突然醒悟過來，說：「我就是那最後一片葉子，是風雨打不倒的葉子。」瓊西的心境轉變，病情也因此急速好轉。

隔天，蘇從外面回到家中，難過地說：「告訴妳一個壞消息，樓下那位老畫家柏曼去世了，他得到急性肺炎，一早在醫院過世的。」蘇繼續說：「老樹只剩下5片葉子的那天晚上，我把妳的事情告訴柏曼，第二天早上，大樓管理員發現後面空地一片混亂，一把長梯倒在地上，旁邊散落著一堆顏料桶，調色盤和刷子以及油燈也都在地上。大家都不知道，他在狂風驟雨的夜晚出去做什麼，但我知道，他為了妳在磚牆上畫了那片永不掉落的葉子！他一直想畫出一幅傑作，只是誰也想不到，這幅傑作卻是畫在鄰家的磚牆上。」

有時候我們說謊是為了保護他人、保護自己，但只要我們的謊言沒有危害到他人或社會，那是可以被原諒的。在現實生活中，有時說真話不一定好，但如果你說的謊對別人有利，那就一定能稱作好。否則，不就等於否認對方並沒有你說的那麼好嗎？從另一個角度來看，有些人喜歡聽好聽話，是因為他們寧願你說謊，也不想聽到可能讓他們受傷的真心話，所以試著體會這類人的心情，適時地說些善意的謊言。

這個社會不需要愚笨的真誠

我們的環境五光十色，人心也複雜難理，「人往高處走，水往低處流」每個人都會有這樣的念頭，希望自己能夠出頭。如果你不做選擇，不看場合也不分對象，一股腦地說出來，這樣的你是最愚笨的真誠，只會被別人當成涉世未深的傻瓜。

我們說了很多讚美謊言的理由，但這並不是說大家可以漫無邊際地謊話連篇，謊話說得真實、說得到位，能顯示出你會說話、能攻心。愛爾蘭著名劇作家蕭伯納曾說：「我開玩笑的方法，就是編造事實，編造事實是這個世界最有情趣的玩笑。」

☑ 你可以婉轉說出真實或是給建議

說到真實，一定有人會說：「謊言就是說假話，怎麼可能真實呢？」其實謊言是無法真實時的另一種委婉真實。當基於某種原因，我們不能說出自己真正的想法時，便可以嘗試用模糊的說法來表達。

例如，當你的朋友穿著新買的洋裝，滿懷期待地問你好不好看時，雖然你覺得這個灰色的洋裝非常詭異，但也不能直說傷了對方的心，你可以換個方式這麼說：「蠻特別的（語氣上揚），但我覺得你穿紅色會更亮眼！」，「特別」有著很多層意思，是好的特別？還是不好的特別？這就是謊言的真實，如若可以，表達出你的建議會更好。

☑ 讓人開心的場面話有何不可

有時候，因為基本禮貌你不得不說謊。例如，你被邀請去參加一位大學同窗的婚禮，也許你看見新郎是一個年紀很大的老伯，而你的同學是今日的女主角，可這些年暴肥，但今天是他們的大喜之日，即便你心裡已經跑出不少 OS，笑容也有點僵了，卻還是必須跟大家一起說：「真是郎才女貌，太有福氣了！」這才是正確答案。

你的微笑、祝福的話語，若能讓對開心，那為什麼不這麼做呢？

☑ 白色謊言不要成為習慣

白色謊言意指謊言本身或許能反映事實，卻有意隱瞞大部分真相，常被認為是善意的謊言，戴著「不想傷害別人的感情」的帽子，讓人不至於受到太大傷害，讓人能夠感到喜悅，但不代表你想討好他人的時候，就可以謊話連篇。

有時候，事實並不是三兩句話就可以扭轉的，別把周遭的人都看作盲眼人，也許你對當事人理應如此，但太過經常、太過頻繁、太過誇張時，那就失去了白色謊言的本意，你只是為了讓他人對你有好感而不斷說謊。

我們說有一點要特別強調的是，當我們說謊時，一定要先想想你的謊言是不是真的非說不可？會不會傷害到其他人？善意的謊言，能為你帶來更多貼心的朋友，而那些不明目的的惡意謊言，就不多加贅述了，如果你想搞砸人際關係，多說無妨。

5 讓你表現出誠意的賠罪法

什麼時候該道歉？那就是「當你既承認自己有責任，又承認自己的行為確實不妥」時，就必須道歉，但有很多心理學家把道歉視為一種藉口。

由於我們平日就時常向人賠罪，因此常常不加思索，就只是一個勁兒地道歉，但這樣在他人眼中其實不見得是真心賠罪。

在必須要向人道歉時，我們也很容易抱持著一種耍賴的心情，結果說出一個很遜的藉口，最後連賠罪也沒賠成。請看以下例子。

甲跟乙約會，甲遲到將近一小時，抵達後馬上道歉：「對不起啦，還不是你約在這裡比較遠，不然我也不會遲到。」這樣的道歉表面看似在說對不起，但實則在責怪對方的不是，所以會讓人很難諒解。

像這種「虛情假意的賠罪」在我們這個社會裡隨處可見。這種道歉法，非但一點效果都沒有，甚至還會產生反效果，這點希望大家能銘記在心，該道歉的時候就得拿出真心才行，而不是邊道歉邊替自己找理由。

如果甲懂得道歉的話，應該說：「真的很對不起，讓你等了快一個小時，你一定很生氣我怎麼還沒有到，站那麼久腳肯定酸了，真的很對不起延誤了那麼久，今天下班前老闆臨時塞了一個緊急工作給我，我一直很努力再趕，忘了先打電話告訴你。」

這時等待的那方聽到這樣的說法，通常都會些微釋懷，原先難看的臉色大多會緩和一些，這時可以趁勝追擊，繼續說道：「我做錯了，應該提早告訴你，這樣你至少可以先找個地方坐，吃點小東西，都是我的不對，給我一個補償的機會吧。今天晚上你盡量點，我買單，想吃什麼都可以。下次我會注意時間，準時抵達，如果真的臨時有事，也記得先打個電話給你，可以原諒我嗎？」

有誠意的道歉，即發自內心。第一時間認錯，最好就是在別人發現之前，及時道歉認錯，同時也要檢討自己，避免下次再發生，然後提出彌補的措施。

道歉的六大要素說明

其實像「對不起」、「不好意思」、「很抱歉」等這些話語，與其說是道歉，不如說它是一種禮貌。在商場上發生的種種麻煩問題，有各種不同程度的賠罪方法。當然，很多事光說「對不起」是無法解決問題的。

充滿誠意的道歉，通常包含了許多要素，在心理學上可大致分析為以下六類。

1 提出自己的責任

這是指說明自己在事件中應該擔負的責任歸屬。使用如「敝公司」、「我們」、「我」（而非這次的錯誤）等這類的言詞，讓對方明顯感受到賠罪者承認是「自己」做錯了事。

一些政府官員發生事情時，多半不願意承認是自己的過錯，但對接受道歉者而言，最想聽到的就是對方能「承認自己的錯」，所以這點可以說是道歉法中最重要的一環。

② 說出傷害的事實

說明根據什麼行為，而導致了什麼樣的損失。跟「給你添麻煩了！」與這樣不痛不癢的話相比起來，若用「很抱歉讓貴公司的生產計畫大幅delay」這種具體說明事實的方式就好得多。不要以為故意說出口就會顯得做作，事實上你這麼說，反而能讓對方覺得你的確明白這件事帶給他們的損失程度，因而較容易原諒你的過錯。

此外像是使用「貴公司」、「您」這種將被害人特定起來的稱呼，也是道歉時的技巧之一。

③ 真實事情的說明

無論受害者在態度上是否有表明，但其實心裡一定想知道造成這次錯誤的原因何在。因此道歉時還得再加上原因說明，在說明原因時，很容易不知不覺說出藉口，因此必須要小心地使用藉口（不會被對方當成藉口的藉口），或是把事情的來龍去脈說清楚。

④ 你的後悔表現

如果賠罪者承認造成對方的損害及自己的責任，但卻毫無悔意或反省之意，只會讓對方更加暴跳如雷，所以若能加上「我會反省」或「我覺得非常後悔」等這類的話，清楚表明自己的確對犯下的過錯感到後悔不已，也是非常重要的一環。

此外，在賠罪時表現出一種「這次的事，我應該負起最大的責任」或是「無論要接受怎樣的處罰都能接受」等這種「自我懲處」的態度，也是很有效的。

5 提出補償辦法

在商場上犯下錯誤，所帶給對方的往往不只是情緒上的不愉快而已，還同時伴隨著具體的損失（好比金錢上的損失）。只因為聯絡上的失誤，就讓一筆交易沒有談成；或是只因為某一種零件延遲出貨，結果導致整個生產線為之停擺的情形偶有所見。因此，這和朋友之間的情誼並不相同，商場上的賠罪往往需要附帶提出補償的辦法。

首先必須要表明，自己會盡快使錯誤消失（我今天會連同所有員工，一起加班把出錯的原因找出來），然後再說明補償的辦法（例如：為了對這次延遲出貨的事表示歉意，此次所有貨品一概免運費）。

此時很重要的是必須以一種「請讓我補償」，而非「我會補償給你」的態度來交涉，對方已經遭受到損失，如果還讓他覺得你是以施恩會的態度與他談話，任何人都無法忍受。

6 請求對方的諒解

最後，也是道歉的最終目的，那就是「請求對方的原諒」。請求原諒並非一開始就不斷嚷嚷：「抱歉，請原諒我（們）。」而是先把前面的要素都表達完之後，再自然而然地請求對方諒解。

不過即使如此，也不該存有「要我說出『原諒我！』這種話，我實在說不出口」或是「就算不必我說，對方也應該要原諒我」之類的念頭，再怎麼說，向對方低頭仍是必要的。

再強調一次，「道歉」最重要的訣竅就在於「誠意」，誠意可以經由言詞，也可以經由行動（賠償、補償）來表達。

如果只是抱持著一種「總而言之先道歉再說」的心態，那無論是在言詞的細微處，還是在表情、動作上，都很容易露出馬腳，反而容易被對方察覺。

請讀者們務必要將道歉的重要性牢記在心，因為藉由賠罪，就能使對方的態度完全改變，所以誠意是非常重要的。另外，我們說那些具有表演色彩的賠罪法，例如：語重心長、引咎辭職、當場下跪等行動上的賠罪（帶有表演性質的道歉），或像是「深感遺憾」、「向您致上十二萬分的歉意！」、「我向您賠罪！」等各式各樣用來道歉的句子，卻鮮少看見「誠意」。這種方式不但達不到道歉的效果，還容易引起對方的不滿。

對社會人士來說，道歉是生活中常見的一環，但要學好確實且具有誠意的道歉法，仍是一件有難度的事情。

根據心理研究證實，道歉和找藉口比起來，更能確實達到「讓對方降低火氣」和「減少對方的報復心理」之成效，只要能以誠意來道歉，相信不會有人得理不饒人。

心理學家詹姆士古德溫曾做過一項實驗，實驗內容是這樣的——汽車修理工原本答應客戶會在下午 5 點前把車修好，結果卻一直拖到隔天下午 4 點才修好。此時，光是口頭道歉根本起不了作用，但如果能加上修理費打 9 折的補償，賠罪的效果瞬間倍增許多。記住，有效的道歉必須是「言詞」＋「行為」才行。

且道歉時，也要將自己的優缺點分清楚，也就是說，你要將道歉的內容細分開來，分為「做錯事的自己」跟「原來真正優秀的自己」。

例如，有位連續殺人犯在法庭上供稱：「我的心對我的手所犯下的罪行，感到非常後悔！」從這句話中我們可以察覺，這位殺人犯似乎想告訴世人，犯下兇惡的殺人罪行是他的手，與他的心無關，他的心非常善良。

事實上，的確可以將道歉內容分為「因延遲工作而給對方帶來極大困擾、不好的自己」與「深深反省，並保證下次絕不再犯、好的自己」兩個部分，然後努力讓對方認同這個「好的自己」。

如果你覺得要記住道歉的六大要素很難的話，只要在賠罪時記住「壞的自己」與「好的自己」這個原則，打動對方的心不至於太困難。

6 掌握談判的不敗技巧

談判桌上絕對是個較量口才的場所，一句話既可能獲利也可能失利。所以，每一句話都應該在字斟句酌後才說出口，那該如何在談判桌上妙語如珠，讓對方啞口無言呢？就讓筆者傳授各位幾個談判的攻心技巧吧。

務必有人扮演黑臉或白臉

億萬富翁尼克想購買大量飛機，他精心挑選出20架，其中9架飛機他非買到手不可。一開始，尼克親自和飛機製造廠商洽談，可雙方怎麼談都談不攏，最後尼克勃然大怒，頭也不回的走了。不過尼克仍不死心，找了一名代理人出面繼續談判。

尼克告訴他只要能買到那9架，他就心滿意足了。代理人接下任務後，獨自前去談判，結果居然20架飛機全部順利買到手，尼克十分佩服代理人的本事，便問他是怎麼做到的。

代理人回答：「很簡單，每次談判陷入僵局時，我就問他們：『你們到底是希望和我談，還是想由尼克本人親自出面談呢？』我這麼問，對方通常都會說：『算了，就照你的意思做吧！』

如果想在談判桌上使用「黑臉」和「白臉」的戰術，就必須有兩位談判者。同時需要注意的是，兩位談判者不能同時出席第一回合的談判，假如兩人一同出席，其中一人給對方留下不好的印象，那必然會影響到另一個人，這對我們來說是很不利的。

而第一位出場的談判者，我們稱之為「黑臉」，他的作用就是激起雙方矛盾，讓對方覺得「這個人不好惹」、「真倒楣，怎麼碰上這麼難溝通的人」的負面印象。而第二個出現的就是「白臉」，他能讓對方繃緊的神經頓時鬆開，二者輪番上陣，直到達到目的為止，且多半可以成功。

但需要注意的是，「黑臉」和「白臉」的戰略是一種合作，第二位談判者的立場是建立在對第一位談判者所產生的不良印象基礎上，要繼續其「承先啟後」的工作。如果第一位談判的「表演」沒有成功，那第二位談判者自然就沒戲可唱了。

1 黑臉、白臉，分工合作

家長在教育孩子的時候，父母經常也會分工合作，一個扮演「黑臉」，不客氣地指出孩子的錯誤，嚇嚇孩子，讓他不敢違抗；另一個則扮演「白臉」，動之以情，曉之以理，適時地安慰孩子。

在談判桌上，不妨也設置這樣兩個角色，通常會有意想不到的效果。

2 射人先射馬，擒賊先擒王

談判，尤其是有關公務的談判，參加談判的通常不會只有一個人，如果對方是一個談判小組的話，採用的策略通常是主攻對方隊伍中決策權的人。因為對方雖然是一個談判小組，但真正握有話語權的其實只有一個人，而這個人我們姑且稱之為「首腦」，其他人則是「組員」。

「首腦」是我們在談判中需要特別注意的人，只要成功說服了「首腦」，也就有 90% 能獲勝的機會。雖然在談判時應該以首腦為主，但也不能忽視組員的存在，因為如果你使盡渾身解數都說服不了首腦的話，那就應該轉移目標，向組員展開攻勢，讓組員了解你的觀點，藉由他們來撼動首腦的決定。

3 緩慢讓步，談判不容易失敗

哈佛商學院教授馬爾霍查說明，談判時讓步往往是必要的，但有很多人都是因為沒有謹慎讓步，以至於得不到對方善意的回應。他同時指出，談判時你要願意讓步，才能同等地獲得對方的讓步，但讓步時需要注意四個技巧，才能達到效果。

- 凸顯出讓步：讓對方知道你犧牲了什麼，這樣的讓步才會有效果。
- 要求並界定對方應有的對等回報：在凸顯了你的讓步後，直接明確要求對方回報，指名希望對方讓步的內容很重要，因為只有你知道自己想要什麼。如果都沒有明說，對方讓步的項目會是他以為你想要的，或者是他最容易放棄的。
- 有條件的讓步：讓雙方的互信度低，或者只是一次性的談判，不需要顧及長久關係時，可以善用有條件的讓步。這也就是表明，如果對方做出某個讓步，你也會做出讓步，這種讓步的風險低，你會先得到想要的，才需要放棄。
- 分期付款式讓步：一個人走在路上撿到 2,000 元，跟一個人走在路上撿到 1,000 元，走著走著又撿到 1,000 元，後者的情況更令人高興，雖然金額同樣是 2,000 元，但卻有中獎兩次的加倍快樂感受。同樣的道理，將讓步分段釋出，也會讓對方更高興，且分段讓步還有其他優點，例如大多數的談判者都會預期，談判需要來回討價還價，無論你多麼大方，當你一次給完時，對方會覺得你應該還沒有

給出底線。

掌握以上攻心的談判小技巧，相信讀者朋友們在談判桌上的勝率也能大大提升。

7 楚楚可憐，能引起他人同情

雖然說目前這個社會是「世風日下，人心不古」，但我們仍不能輕易地放棄良善道德。對於那些「弱者及有困難的人」，大家都容易衍生出同情與不捨，願意助其一臂之力。

舉例來說，如果同事得了重感冒，卻仍然帶病來上班，或者看到新進職員，由於不熟悉報表的寫法而搞得焦頭爛額時，大多數的人都會心生同情，並且伸出援手，應該很少有人能在別人遇到困難，對自己開口請求協助時，會毫不猶豫地拒絕吧？

所以，筆者便想教各位讀者如何藉由表現出「弱小的樣子」或「困擾的樣子」，來博取他人的同情，取得協助對方後順勢攻心。

直接告訴對方你無能為力

這種裝可憐的招數，通常是心理戰術的下下策，因為它幾乎是一種「自貶」的做法，需要拋棄一些「自尊」和「社會地位」。

你也可以告訴別人「我自己一個人做不來，所以想請你幫忙」，表達出因為自己的能力不足，所以想請求他人援助。例如：「這工作我是第一次接觸，所以有很多不懂的地方，麻煩你指導一下。」

從上述例子中應該不難發現，這是以「表現出自己的能力不足」為訴求，來達到自己的目的。當然，這麼做會讓別人對你「能力指數」的印象降低，但不使用這招也不行，因為人各有所長，所謂的公司，是把各式各樣的人才集合起來一起工作的地方，因此別人會的，你不見得會，但你會的，別人也不見得能做得比你好。

此外，任何人都會有工作不順利，或是面對初次接手的工作，感到不知所措的時候，不知道該從何下手，因此，千萬不要打腫臉充胖子，一天到晚裝出一副「我很厲害」的樣子，結果工作做得一團糟。

適時地向人請求援助也是一件很重要的事，與總是表現得「很優秀」的人相比起來，偶爾流露出「脆弱的一面」的人，反而會比較容易獲得別人的幫助。

尤其是新進人員，對工作上有不懂的地方是理所當然的事，不懂的事就是不懂，不會的事就是不會，遇到不明白的地方就立刻請教別人，這才是最好的做法。

重要的不是請教別人這件事情，而是你自己的態度，千萬別讓人覺得「你不懂、不會，就不去做」，更不要擺出一副「我不會，你教我是天經地義」的樣子，會讓人相當反感。此外，也要表現出你很努力想學習，想把事情做好的態度，以一種「我想把工作做好，所以要麻煩你多指導」的姿態來應對，這才是最重要的。

且自己老扮演助人的角色難免會比較累，如果自己有困難時，也能得到別人的協助，那在心態上就能比較平衡。人都是會生病的，也都會有忙不過來或接觸到自己不拿手工作的時候，如果你能保證在對方遭遇到困難的時候，也能反過來幫他，那麼得到對方協助的可能性就能大幅提高。

例如：「我今天身體不太舒服，可不可以請你幫我處理這些工作……之後如果有需要我的地方，請不要客氣告訴我。」等等，對方就能體諒你的處境，也就能感受到你的誠意了。

讓對方產生成就感

心理學上的實驗證明，當有人在人群中尋求協助時，對著某個人說：「請你幫我！」比對著人群喊：「誰能來幫我？」獲得幫助的機率要高得多。說「誰來」會有一種匿名性，讓人覺得「就算我不去幫他，也還有別人會去幫他」的感覺。

例如：「張先生，這件事一定只能請你幫忙了……」、「我聽說你很擅長寫企劃書……所以想向你請教一些問題。」以一種「非你不可」或「你是我最能信賴的人」的態度，讓對方產生成就感，那成功的機會就會提高，因為人都是喜歡被人需要，喜歡被人肯定自己是有能力的生物。除此之外，你也可以參考以下幾點。

1 表明你的身體不舒服

這是最「受歡迎」也最「好用」的一招，就是所謂的訴諸「身體狀況」。例如生病時，你說：「不好意思，我感冒了，頭很暈，這份報告書……可以請你幫我一點忙嗎？」或是說：「抱歉，我現在頭好痛，一直盯著電腦覺得很吃力，可以請你幫我輸入這些資料嗎？」

身體不適是無法控制且難以避免的，每個人都有生病的經驗，因此多數人都很容易接受這樣的說詞。

2 別讓對方覺得你自作自受

不過有時候你會生病是因為自己的行為不當，好比前一天晚上和同事喝得爛醉，或是周末到海邊去玩，結果被曬傷了，如果是這種情形，別人很可能會認為你是自作自受，甚至覺得：「享受的人是你，憑什麼要我替你擦屁股！」而對你產生反感。

3 訴諸時間來不及

例如：「我今天一定要把這份企劃案呈上去，能請你幫我畫這些表格嗎？」時間不夠充裕，對每位上班族來說是家常便飯，任誰都有過這樣的經驗，因此這招也相當好用。

不過「訴諸時間」與「訴諸身體狀況」相比較的話，「這個方法在使用上的困難度會比較大，因為一般人都會認為，時間是可以自己調整的，所以通常不太接受這個理由。

例如上面提到的「今天一定要將企劃書交出去」，被你請求幫忙的對象，心理可能會想：「你應該早就知道今天要交了吧？我也有很多事情要做啊！」不管你看起來再怎麼困擾，如果原因出在自己身上，那就很難得到別人的幫忙了。

所以這一招最好少用，只有在「真的走投無路」或「如果這件事沒做好，將會影響到別人」的時候才用。

不過如果是主管突然交代下來的任務，告訴你「下午3點前給他」，這種無法控制的緊急狀況，只要將來由說清楚，一樣能得到他人的幫助。

如前述，「裝可憐」的招數屬於心理戰術中的「下下策」，因此，能不用就盡量不要使用，如果經常使用的話，會給人「擺爛」、「不負責任」、「懶惰」或「只會靠別人」等負面印象。

就算你是新人也一樣，剛開始第一次問當然沒問題，但如果同樣的事一問再問，對方就會覺得：「簡直是白教了！你根本沒聽進去嘛！」到最後就會捨你而去，請讀者朋友務必記住使用的禁忌。

Lesson 8

人人適用的攻心法
這樣做最有效

I 搞定應酬，助你成事

說到攻心，就不能忽略掉「吃飯」這個步驟，前述也有提到，無論是商場談判還是戀愛攻勢，我們在餐桌上的一言一行都可能影響對方對我們的評價如何。因此，我們在與之應酬時，要能做到深入人心，不僅要滿足對方的胃，還要能收買對方的心，才能讓一場「表現完美」的飯局助我們成事。

打動人心的開場與結尾

瑞克服務於一間設計公司，是老闆眼中的紅人，他的專業水準很不錯，為人處世上也有自己的一套。平時，同事們都很難獲得老闆認同，他卻能輕鬆做到，而且每次都能輕而易舉地讓老闆同意自己的意見。

一天，他對老闆說：「楊董，這次的企劃案不錯吧？昨天我還在一個網站上看到了一份可能會有很大幫助的設計案例，只是昨天太晚了，沒來得及下載，這樣吧，我現在下載下來，晚上我們一起吃個飯，我再一起把資料交給您好嗎？」面對這樣誠摯的邀請，誰會拒絕呢？老闆自然是欣然同意了。

來到餐廳之後，瑞克很細心地在點餐後飲料時，跟服務生說飲品不要加糖，老闆聽到後覺得他很貼心，這麼小的細節他都注意到了，心中對他讚譽有加。平常在公司，瑞克觀察老闆，記下他的喜好，其他同事的喜好他也會留意，並一一記下來。

時間過得很快，這頓飯吃了兩個小時，老闆對瑞克在席間提出的企劃很感興趣，覺得很有可行性，結束時，瑞克對老闆說：「楊董，我覺得您的觀點很對，我真的很佩服您！也感謝您提出那麼多寶貴意見。看這時間也不早了，您早點回去休息，我回去後再針對剛剛討論到的問題進行修改，明天一早 mail 給您。」簡單幾句話，讓老闆再次對他讚譽有加。

隔天一早，瑞克到老闆辦公室準備報告昨晚修改後的地方，不料剛走到老闆桌前，就看到他已印出這份企劃案並簽名，微笑遞給他。瑞克相當驚訝，因為他自己都沒想到事情會進行得這麼順利。

在上述故事中，請問為什麼老闆會對瑞克的印象這麼好呢？為什麼他的企劃這麼簡單就通過了？這完全得益於瑞克在餐桌上那良好的表現。首先，一個以工作為由的飯局，老闆自然不會拒絕；一個能記住老闆小習慣的員工自然能打動老闆的心；再者，結束時瑞克依然掛心於工作，讓老闆再次看到他的工作態度，他還有什麼理由好拒絕或刁難呢？

參加工作上飯局的注意要點

記住，當我們在參加飯局的時候，要看對象做好開場與收尾的攻勢，才能讓對方對你留下良好的印象。

的確，老闆和下屬是透過工作關係連在一起的，每個老闆無不關心公司的成長與員工個人的業績。因此，跟老闆吃飯時，應該把重點放在有益於工作的事情上，這樣不但能引起老闆的興趣，還可能獲得他額外的賞識。

此外，跟同事吃飯時，也要注意不要淪為一場抱怨大會，因為職場中眼睛無數，其中哪一雙是上司的眼線誰都不知道，既然如此，何不吃一場開心的饗宴呢？且在其中，你更能實際運用書中提及的技巧，讓你吃出好人緣。

不只是飯局的開場和收尾，連你的攻心技巧能否派上用場，都直接關係到你能否在職場上順利成事，請抓住機會好好練習。

☑ 直接講明目的，NG

沒人喜歡吃平白無故的飯，受邀的人心裡也明白，自己並不是單純享受一頓美食，而是接受一場應酬。所以一般會有這樣的顧慮：邀請者的身分地位、與自己的關係如何？邀請者是否會看臉色、懂分寸，會不會在酒酣耳熱之際，向自己提出現實上的問題？

即使對方答應了我們的邀約，有些顧慮還是會存在，因此，我們要把動機弄得簡單一些，理由說得動聽一些，對方顧慮相對小得多。至於「局」外之意，感情聯絡好了，你才有發揮的餘地，吃飯的時間很長，完全沒有必要在一開始就鄭重其事地嚇跑你的目標對象。

☑ 結束時，也別大意

飯局結束之後，我們當然會鬆一口氣，但此時我們依然不可鬆懈，稍有怠慢，對方對我們的良好印象會瞬間化為烏有。為此，在飯局結束時，我們還是必須兼顧各方面的應對，像是說好話、送走目標對象等，千萬別大意失荊州。

總之，在安排飯局時，我們一定要記住兩個重點：「好的開始是成功的一半」、「收尾與開頭一樣重要」，遵循著這兩個原則，我們就能達到藉吃飯攻心的目的！

華人社會素來喜歡請客吃飯，喜歡在餐桌上解決很多問題，可以說，餐桌就是一個社會的縮影，處處是玄機。所以應酬其實就是一場心理戰，誰先被對方折服，誰就輸了。而應酬中的任何一句話，都會透露出我們的知識、素養和禮儀等的水準。那話如何能說得滴水不漏呢？你必須注意以下幾點。

1 客觀才能得人心

客觀就是尊重事實，實事求是地反應出客觀事實，即便如此，也應該視場合、對象而定，同時注意表達的方式。沒有人喜歡跟那些首次來往就主觀臆測、驕傲狂妄的人談話。

2 保持沉穩、冷靜

人們通常喜歡跟說話、做事都很沉穩的人做生意。因此，在飯局中，我們的待人接物方式要保持沉穩與冷靜，不要太過興奮、口不擇言，甚至暴露出自己的弱點。

3 多說好話

所謂的善意，也就是與人為善。說話的目的，就是要讓對方瞭解自己的想法和感情，無論是在人際交往還是商業應酬之中，如果把握好這個說好話的分寸，那你也就掌握了討人喜愛的說話精髓。

2 透露一點點，靠近一點點

在生活周遭，我們很容易發現這樣的現象：那些走得近或關係比較親密的「麻吉」，通常都會擁有一些共同的秘密，而也是因為互相擁有秘密，才能更加信任彼此。

這一點，同樣適用於現代社會中我們的社交關係。有時候，我們可能會想跟某人成為朋友，像這種時候，為了拉近彼此關係及消除對方的防備心，我們可以試著主動聊一些自己的私事。如此，當對方覺得我們對他是有信任感的，也願意掏心掏肺，那自然也會願意跟我們多聊幾句自己的事情，那彼此間的親密感，不也馬上就能建立起來嗎？

一模一樣的話

大名退休之後，因為閒來無事，就將注意力放在女兒小喬身上，看著女兒已經30歲，也到了論及婚嫁的年紀，於是在父親的邀約（半逼迫）下，小喬只好提早將自己交往2年的男朋友帶回家。

這天，大名準備了一上午，煮了滿滿一桌的菜，小喬的男朋友小陳相當害羞，在餐桌上安靜地吃飯，不太敢抬眼跟伯父對到眼光。大名看小陳如此拘謹，決定單獨和他聊聊，於是他對女兒及太太說道：「廚房裡還燉著雞湯呢，不曉得好了沒，你倆一起去看看吧！」說完後還對他們眨了下眼，兩人意會到後便一同起身離開。

等他們都離開飯桌後，大名對小陳說：「小陳阿，不用這麼緊張，就把這當自己家，你現在的心情我可以理解，我當年去小喬媽媽家裡時也很緊張，深怕自己說錯話，讓他家人對我留下不好的印象……」大名說到這便停住了。

小陳接著問：「那後來呢？」

「不急，先喝口茶吧。」大名舉起茶杯。

「好。」小陳也舉起茶杯向大名示意。

「後來小喬他外公說了一模一樣的話給我聽，我之後就不緊張了。因為對方主動和我說話，不就代表他對我第一印象還蠻滿意的嗎？所以現在輪到我對你這麼說了。」大名說完之後，兩人都笑了出來。

母女倆在廚房內聽到笑聲，紛紛一臉疑惑地探出頭來看，大名和小陳看到他們的表情覺得有趣，便故意跟他們打啞謎。大名跟小陳聊過之後，明顯放鬆很多，這頓飯吃得相當融洽。

故事中大名很懂得與人拉近心理距離，面對拘謹的大陳，他主動提及自己過去見岳父的經驗，順利消除對方的緊張感，兩人也就自然而然地熟稔起來。

☑ 先找出彼此的共同興趣或共通點

在這裡，首先你要先了解對方的興趣或休閒愛好，然後裝傻不經意地提到，當對方有回應時，就能自然而然地順著這個話題延續，即使這不是你真正的興趣，但因為有做過功課，所以也能多聊幾句，如此一來便能輕而易舉地拉近距離。

的確，如果發現跟對方有著任何的共通點，那就算再細小的點也要強調，因為人與人之間一旦有了共通點，就可以馬上消除彼此的陌生感，打開心胸暢聊，不但可以讓對方感到輕鬆，也有讓對方說出真心話的效果。

但隨著時間過去，這種「熱度」很快會消失，因此，你必須藉由細節的強調或繼續放大，加深對方的認同感。

☑ 適時地自嘲

當大家聊到過去的事情時，你可以主動聊聊自己失敗的事或糗事，因為這遠比聊自己成功的過去，更容易拉近你與大家的距離。

炫耀自己的光榮事蹟，只會讓人產生忌妒與反感，反而對你留下不好的印象。如果我們主動爆料自己的糗事，如此的話，我們首先在態度上就已經表現出友善與真誠，多數人都會覺得你親切可近，沒有心機。

☑ 說話主詞多使用「我們」

在攻心時，你可以多使用一些如「請教一下」、「幫我……」等用詞，較容易獲得對方的好感；以「我們」取代「我」可以拉近彼此間的距離，同時不會讓人覺得你過於自我中心。如果能多掌握一些說話的用詞技巧，對我們的人際關係將會有很大的益處。

要知道，兩個陌生人能不能找到話題，能不能主動地搭上話，遠比會不會講話來得重要。而要找到話題，你就必須主攻雙方都感興趣的人事物，我們可以主動透露一些自己的小秘密，讓對方感受到你的大方與友好親切，當對方對你產生認同之後，就能跟你放開心胸暢聊，而這正是我們的目的。

3 最有禮貌的攻心是傾聽

用心傾聽是讓人留下好印象的快速方法，也是讓你輕鬆贏得信任的好技巧。世上有多少人都是以自我為中心呢？不論是在交談的時候，不等對方把話說完就急著發表意見，還是對對方的談話表現得一點興趣也沒有，從不認真聽對方說話的內容，等對方詢問意見的時候，不是說：「都可以」，要不就是「你決定好了」等等。

像這種作法都顯得你很沒有誠意，也讓別人無法相信你，更不用說對方會想跟你來往或合作了。

而每個人都希望得到他人的讚美，會說話的人總能發現他人身上的小優點，並且不失時機地讚美幾句。誠然，讚美人是好事，起碼比指責人要好，但需要特別提醒的是，讚美有時也會碰一鼻子灰，即便你是真誠的讚美，那也無助你攻心，因此，最保險的讚美也是傾聽。

傾聽，就是一種關心

在跟別人來往當中要學會關心別人，因為每個人都希望自己能得到別人的注意，擔心受到旁人的無視或冷漠。在傾聽別人說話時，也是一樣的道理，如果你不能全神貫注地聽，總想著何時插話，說自己想說的話，或是說什麼才能讓對方留下好的印象，這反而是本末倒置了，會破壞你們之間的談話氣氛，讓對方沒有心情與你交談，一定要避免。

接著跟各位分享一則小故事。這是某間有機食品公司姚先生的經驗之談，雖然有機食品已經風行好一段時間了，但一般家庭對此產品還是認識不清，不敢貿然購買，這使得有機食品公司的業績始終不見好轉。

某天，姚先生一如既往地向客戶解說食品的益處及功效，但客戶李太太沒有太大的興趣。姚先生在心裡犯著嘀咕：「今天又要無功而返了。」準備向對方告辭，突然他看到陽台上擺著一盆十分典雅的盆栽，上面種著紫色的花。姚先生請教李太太說道：「好漂亮的盆栽，平時很少看到這個顏色的花呢。」

「的確，這叫嘉德里亞，十分罕見，是蘭花的一種，它的美在於那優雅的風情。」

「真的很優雅，會不會很貴呢？」

「確實不便宜，這盆要 4,000 元呢！」

「什麼？4,000 元……」姚先生心想，那食品也不過 2,500 元，或許還有機會成交，於是他試圖轉換話題：「這個每天都要澆水嗎？」

「是的，每天都要澆水、擦拭葉子，必須精心照護。」

「那花也算是家中的一份子了？」

李太太覺得姚先生是位有心的人，於是開始傾囊傳授所有關於種植蘭花的經驗談，而姚先生也聚精會神地傾聽。約半小時過後，姚先生很自然地把剛才心裡所想的事情提了出來：

「太太，您這麼喜歡蘭花，相信您對植物一定很有研究，像您這樣高雅的人，肯定也知道植物對人類的種種好處，帶給您溫馨、喜悅和健康。我們的有機食品正是從植物裡萃取出來的，是純天然的綠色食品。李太太，您就當作今天買一盆蘭花，買下這款食品，對您的身體有益。」

沒想到李太太竟爽快地答應了，她邊拿錢包邊說：「即使是我先生，他也不願意聽我說這些，但你卻願意聽我分享植栽並給予我反饋，真好！」

姚先生就這樣利用傾聽的力量，順利拿下訂單。其實在生活中，傾聽可謂最高規格的讚美，而且是最安全的讚美。

1 聽對方談話時，務必要聽完

把話聽完是傾聽時很重要的一點，因為在句末經常會出現對談話主題的最終態度，因此，不把話聽到最後，就無法知道對方真正的意思。

每個人的思維方式或多或少都存在著差異，所以說話的方式也會有所不同，有的人習慣先說結論，然後才說理由。如果你聽到結論就打斷對方，說：「我知道了，那麼……」就可能失去一次了解對方的機會，因為即使對方的結論和自己的判斷相同，事情的經過也可能會不一樣。

當然，更多的人是習慣先說理由然後再得出結論，如果你一心只想快點得知結論而無心聽理由，次數多了，會讓別人不願意和你深談，在無形中失去很多可以推心置腹的朋友。

2 不插嘴也不猜測

有些人處處想表現自己的才智，常常在聽到一半的時候，就裝作自己已經明白的樣子，還會在沒有真正明白對方想說什麼的時候，就不耐煩地打斷對方說：「你是不是想說……」你這樣做只會不斷澆熄對方想繼續說下去的熱情。

即使對方說出來的話比較抽象、難懂，你也不要隨意推斷他的意思，耐心地把話聽完，這既是對對方的尊重，也能贏得他對你的尊重。

③ 傾聽時，忌諱面無表情

傾聽別人談話時不能面無表情，要一邊聽一邊點頭或是隨聲附和幾句，讓對方知道你一直認真聽。

此外，在聽他人說話時，要盡量讓自己眼睛與對方的眼睛對上，如果對方抬起頭來看你，你也要抬起頭來看他，但對視的時間不宜過長；如果他站起來走動，你的眼睛也要跟著他移動。

隨時透過肢體語言告訴別人你正在聽，就能激起對方說下去的欲望，認真聽，就是一種無聲的鼓勵。

④ 馬上反駁，OUT

當聽到與自己完全不同的觀點時，不要馬上反駁，尤其是在長輩和上司面前，如果聽到與自己相左的意見，就馬上否定別人，滔滔不絕地闡述自己的觀點，會給人一種不說服對方就不罷休的架式，這樣只會使你們之間產生隔閡。

傾聽是一門學問，也是一種尊重，更是贏得別人信任的基礎。大多時候，我們急於表現自己，總是迫不急待、不自覺地打斷對方，想說出自己的觀點，但這種做法很容易讓對方看出你內心的焦躁，覺得自己沒有受到足夠的尊重，對你的好感瞬間消失得無影無蹤，更別提相不相信你了。

而「傾聽」絕對是贏得他人信任、獲得成功必不可少的一種技巧，這樣的舉動更能吸引人，更容易達成目的。

4 吃飯攻心，別話不投機

如本書再三強調，攻心術是讓重要的社交往來順利的手段之一。說得嚴重一點，一場攻心飯局也可以是場聲勢浩大的「戰場」，因為商場上很多的爾虞我詐都是在餐桌上猜測彼此的心思，進而決定出輸贏的。

在重要的社交場合上，我們可能常看到這樣的情景：一些漂亮的女性或穿著體面的男性靜靜地站在某個角落，也不和身邊的人打招呼或攀談（也許害羞），讓自己與世隔絕般成為一座孤島；相反地，有的人一出現在宴會中，就到處發名片，四處談天，像花蝴蝶般穿梭在其中，但最後仍沒有太多人對他留下深刻的印象，試問是哪裡出了問題呢？

請事先準備好攻心話題

為什麼有的人在飯局中如魚得水，有的人卻經常被「打入冷宮」呢？其中一個原因是「被動」，而另一個重點是「話不投機」。我們說造成話不投機半句多的原因很多，像是不會見機行事、看人說話、不知道對方感興趣的事情是什麼等等。

所以說，有的話題並不是憑空出現的，而是需要先「製造」和「準備」的，例如你事先了解這次餐會賓客們的背景，如果是電腦軟體相關產業，即便你不怎麼會打字，那你也得先翻翻幾本電腦雜誌看看，以便到時順利進入狀況。

人與人交談，都必須先從一個話題展開，只有我們積極與主動地選擇一個雙方都感興趣或了解的話題，才能在一個輕鬆、愉快的氛圍中進行交談，進而達到你的目的。

務必藉由飯局交新朋友

的確，我們參加飯局，都希望吃飯能在開心、和諧的氣氛當中進行，而能否達到良好的聚餐效果，則取決於與會者交談話題的熱烈與否。恰當、有趣的話題能讓雙方藉由交談的深入，而逐步加深感情，從而建立新友誼。

如果運氣好，你還可能與飯局上的陌生人當上好友，對方還可能就是你的貴人，何樂而不為呢？

① 以當紅的新聞作為話題

這也是可以當作閒談素材之一的準備，你可以主動說：「你昨天有看新聞嗎？我很驚訝！」根據新聞時事，跟對方聊聊你的獨到看法和見解。

② 初級話題是天氣

天氣是每個人都知道、而且很容易聊上的問題。最近的天氣不好，不妨發表心得抱怨一下：「最近一直下雨，我家都快長香菇了。」；天氣很好時，不妨說聲：「真想出去爬山。」；如果有什麼颱風預報、地震或是流行性感冒的新聞，也可以拿出來聊聊，因為那是大家都可以隨意發表心得的話題。

③ 把對方當朋友，發表感想

某次，一位作家與另一位知名的心理學家吃飯，這位作家對這類的飯局通常都能應付自如，所以當他發現自己竟然結結巴巴，不知道該怎麼開口時，不自覺就慌張起來。於是他就對著這位心理學家說：「不知道為什麼我對你，竟覺得有點害怕呀。」結果那位心理學家笑了出來，之後大家也能自然地聊起天來了。

當個性內向的你出席了一個周遭都是陌生人的飯局時，與其一個人躲在角落裡隱形，不如告訴坐在你身邊的陌生人：「啊，我對這種場合不是很拿手」，或許正是因為這句話，對方回應了：「我也是耶！不曉得要說些什麼。」讓你可以跟鄰座的人自然地聊起來。

4 出糗的事，此時不說待何時

像買東西買錯了、言語上的巧合誤會等這一類的經驗，多數人都愛聽，自嘲、開開自己的玩笑，以不傷害人為前提下博人一笑，還能讓對方覺得你很親切、好相處，沒有距離。

5 以讚美對方來開場最聰明

在飯局中，我們可能會遇到美麗的女性，這時你也許很想說：「妳很漂亮。」但在現實中，多數人都沒有勇氣說出這句話，如果過於直白的讚美讓你不好意思開口，那你可以換個說法，好比：「我遠遠就看到妳走進來，我覺得……」或是「妳的洋裝很適合妳，很漂亮。」如此，就能找到一些話題交談。

6 聊聊共同經驗、共同的朋友

關於每個角色會碰到的經驗，例如媽媽的育兒經、殺價經驗、夫妻之間的相處之道、親友間的家庭會等話題，會使多數正處在同樣角色的人產生興趣，例如家庭主婦們對於老公與小孩的趣事往往侃侃而談，非常容易開啟話題。

當然，我們應該注意的是，通常參加飯局是有一定原因的，因此餐桌上談話的主題應多圍繞著主要話題。同時，我們也應該避免問一些敏感的話題，特別是在初次與陌生賓客的交談中，彼此的背景不同，所以個人隱私的事情不要多聊，可能沒有人願意跟你分享，另外較為負面的事情，例如自己的健康狀況及家庭糾紛等也不要提及，但可以對時下大家都知道的社會新聞或現象等聊聊自己的看法。

總之，如果你善於選擇合適的話題與對方交談，相信你很快就能駕輕就熟，在飯局裡與陌生人建立起友誼，那要成功攻心也不再是件困難的事情。

5 讚美要對症下藥

在人際關係中，如果你不懂得適時地讚美、恭維別人，你的社交關係就可能不會太過順利，也很難跟別人保持良好的情誼。

但如果你總是無來由地去誇獎別人，你的誇獎就會顯得很空洞，讓他人心中留下你這個人「很假」的負面印象。所以，如果你能適當地、有理由地讚美別人，就能達到攻心的好效果。

醫生在幫病人看病的時候，同樣需要找到病人的病根，才能夠對症下藥，胡亂開藥非但治不好病，反而可能導致病情的加重，而這道理也同樣適用於攻心術。

當我們在與別人來往時，只有摸清楚對方的病根，也就是心理上的弱點，才能判斷要下什麼藥（採取什麼方法），決定藥的劑量多少（做出多大作用的反應），如此才最有效。

先分清對方是內向還是外向

想給對方下對藥，還必須先摸清對方的病根。而想摸清對方的病根，就要先搞清楚對方是屬於哪一類型的人，個性內向還是外向？但也有一些社交高手會掩飾自己的情緒，增加我們分辨的困難度。

這時，你可以先試著觀察看看，一般都能分辨清楚，這不是一件太困難的事。例如外向的人熱情活潑，他們多喜歡熱鬧的場合；外向人不會去想太多，所以他們的體型多半也比較福態；外向人善於表現自己，很注重團隊合作；遇到事情的時候，會主動聽取別人的意見，能根據大家的意見做出判斷。

又譬如，內向的人善於思考，他們不愛說話，不善表達，自我意識很強，在體型上也以苗條的體型為主；他們在表達自己意見的時候通常會直接說出來，不太會採取委婉的方式表達；他們在做事的時候，很少徵求別人的意見，通常會獨自規劃。

分清楚對方的個性是內向還是外向後，我們就能對症下藥，說些讚美的話來讓他們產生好感。

試著反過來稱讚對方的短處

大部分的人都會根據自己眼睛看得到的地方去稱讚對方，例如稱讚一個人：「你好漂亮，像模特兒一樣。」這種讚美是多數人會說的重點，因為最明顯，但對方一定也聽過無數遍了，所以他們聽到的時候，會感覺像平常的例行活動，提不起多大的興趣，甚至下一秒鐘就忘了。

想與眾不同，就不要走尋常路；想達到不一樣的效果，馬上吸引對方的注意，就要對著不一樣的焦點，反過來讚美對方的短處。

例如，他雖然工作能力強，但看起來很清高，對人也較冷漠，這時你就可以想清高的相反是什麼呢？答案是親切、容易親近。當你稱讚他時，就可以用這種方式說：「張先生，其實你很親切啊！」由於別人從沒有這樣讚美過他，所以就會對你發現的這個新優點感到開心，認為你是真正注意他的人，對你更有好感和信任。

也就是說，從反面來稱讚對方的方法，可以馬上吸引到對方的注意力，贏得對方的信任，讓對方留下深刻的印象，有著立即見效的效果。

① 外向人，用帶有感情的話語

不論是在和他們交談，還是在寫 mail 的時候，適當地使用帶有感情色彩的話語，能讓他們感動，他們會在這些感動中得到滿足，從而答應本來打算拒絕你的事情。

外向型的人比較注重「外界」的一切，他們平時表現得大剌剌，看似非常堅強，但內心其實也有著脆弱、柔軟的地方。

② 內向人，理性溝通條理清晰

內向型的人是以「自我」為中心的，因此，他們在做事的時候，也往往會著重於「自己」的感受。

他們對外在環境的變化不會那麼在意，表現得較冷漠，很少受到外界影響，因而經常被人認為是冷漠的人。

在和內向型的人溝通時，務必記住不能打擊到他們的自信心，相反地，最好滿足他們的自尊心，要對他們曉之以理，和他們說明狀況和原因，理性溝通。

和內向型的人相處、做事的時候要簡明扼要，和他們交談時不要拖拖拉拉，說了很多，但沒有重點，這會讓他們感到不快，留下不好的印象。另外在和他們寫 mail 時，這種方法也適用。

③ 使用「不會呀……」的句型來讚美

在稱讚人事物的時候，只需要用「不會呀……」的句型，就能稱讚得宜，讓你輕鬆達到稱讚的效果，這種方法不但可以在日常生活中使用，也能運用在銷售上。

例如，一個女孩對自己的小眼睛感到自卑，當你稱讚她時，就可以這樣說：「小眼睛？不會呀，很多國際女模都希望能有妳這樣的眼睛呢，丹鳳眼很有個人特色！」這樣說，對方不但會心平氣和的接受你說的話，還會認為你有著不同於大眾的眼光，對你的印象也會變得深刻，並產生好感。

透過不同的方法，清楚對方的性格、喜好和心理弱點，我們就不會盲目地浪費時間和精力去做些事倍功半的事情。因為，在沒有弄清楚對方的情況下，就隨意地行動，這樣非但不能採取正確的應對方式，還可能使對方對你產生防備，不想繼續和你來往。

6 來者不善的提問也能應對自如

在生活上，我們經常會碰到這樣的狀況：對方的提問讓我們陷入尷尬與難以作答。對此，無論對方的提問是善意還是惡意；無論是委婉還是直接；無論是和氣還是反諷，甚至是惡毒……此時此刻，我們都需要冷靜思考，清楚對方的心態與動機，然後巧妙地避開，不正面回答，也就是人們常說的「打太極」。

有一次，彌蘭陀王故意要為難一位聰明的出家人那先比丘，便質問他說：「你跟佛陀不是生在同一個年代，更別說見過釋迦牟尼佛本人，怎麼知道有沒有佛陀這個人呢？」

聰明的那先比丘反問彌蘭陀王：「大王，那您的王位是誰傳給您的呢？」

彌蘭陀王：「我父親傳給我的啊！」

那先比丘：「您父親的王位是誰傳給他的呢？」

彌蘭陀王：「曾祖父啊！」

那先比丘繼續問：「如果這樣一代一代地往上追溯，您相不相信您的國家有一個開國君主呢？」

彌蘭陀王從容回答：「我當然相信！」

那先比丘：「那您見過他嗎？」

彌蘭陀王：「……」

像這樣，我們可以發現彌蘭陀王對那先比丘的提問，並非出於善意的，對此，那先比丘並沒有直接反駁，而是採取借力使力的方式，以此類推，讓對方的觀點不攻自破。

在現實社會中，我們也可能會遇到這種情況，對方過於直接的提問，我們無法正面回答，此時，我們不妨採取大打「太極」的方式，不直接說明答案。假如我們依照本能直覺性地慌亂回答，那不僅無法解除我們的尷尬，反倒讓我們又再陷入新的尷尬之中。

轉移話題或試著裝傻

雖然我們不是真的傻子，但如果能採取一些方法來脫困也是不錯的好方法。事實上，很多時候如果正好面對到難堪的問題時，我們若能裝傻，聰明地轉移話題，反倒能顯現出我們的睿智。例如你可以轉移話題，當對方問：「說到薪水，你知道我們主任月收入多少嗎？」、「我老婆？這倒提醒我了，你猜猜看我剛才看到誰的太太了？」這樣裝傻回答。

你也可以拒絕回答，但可以語帶幽默地說：「噢，這個很敏感，我今天很倒楣了，別害我啦！」

甚至可以裝作沒有聽到對方的發問，自然地換些無關緊要的話題：「我剛才看到新聞介紹一個很有用的防止蚊蟲入侵家裡的方法！」

此外，有時候「沉默」也不失為一種好方法，你可以淡淡地一笑，對方就會意識到自己的問題是不是有點超過了。若真的無力招架，你還可以……

尋求在場人的幫助

有一次，傑生請辦公室全體同仁吃飯，但不知道為什麼彼特不知道這個消息，吃飯當天才從別人口中得知這件事情，他氣急敗壞地趕到現場，一看到傑生劈頭就是一陣質問。

傑生不知道為什麼會這樣，當下也不知道該如何是好，只好默默看向最為資深的老大哥董哥，一句話都不敢說。而彼特大聲喧囂好一陣之後，氣呼呼地坐在椅子上，整間餐廳的氣氛瞬間凝結起來，誰都不敢多說一句話，安靜得掉根針都聽得到。

這時候董哥站了過來，看著大家，然後對彼特說：「傑生是說請全辦公室的同事，但你當時正好外出，我也忘了告訴你，這不是傑生的錯，剛才他也納悶你怎麼沒來。你如果不高興可以跟我發發牢騷，不要怪傑生了。」彼得這才發覺自己真的反應過頭了，主動向傑生致歉，兩人又像沒事一樣，將剛才的不愉快拋之腦後，傑生特別感謝董哥的拔刀相助。

2 找理由，走為上策

如果你認為你的確沒有勇氣和能力應付尷尬場合，那最好的方法無非是迅速撤離現場，越快越好。但你一定要找個合理的理由，否則只會讓對方覺得對你感到抱歉。

例如，當你向女生告白被拒絕後，你可以找個理由說：「我晚一點還有公司的事要忙，你也不用對我感到不好意思，下次再一起吃個飯、聊久一點！」這是戀愛技巧中常用的拖延戰術，不但主動消除對方心中的尷尬，也為自己贏得更多的機會。

在生活上，別人會突然不小心提出尷尬問題，除了自己不自在，別人問了也會覺得不自在，結果氣氛瞬間結冰，破壞了整個談話的氛圍。這時候，你可以適當地打打「太極拳」，巧妙解除尷尬的警報。

7 面對爭執，對方是什麼反應

生活中講求人際關係的和諧，大多數的人也會有意識地避免與人發生衝突，遭他人責難、刻意曲解或蒙受委屈時，每個人當下的行為反應、採取的因應方式都不盡相同。

此時，個人的脾氣修養與應對方式也將一覽無遺，例如有些人會選擇沉默以對，有些人會激動反擊，也有些人會因失去理智而暴力相向。這意味著觀看一個人面對口角衝突時的行為表現，就能發現其性格特點與思維模式。

關鍵步驟：練就一雙鷹眼

我們都知道老鷹的眼睛構造特殊，非常敏銳，能在高空中精準識別地面上的獵物，並迅速捕捉到牠們。在現實生活中，你同樣可以像老鷹一樣，一眼看穿對方的性格。

我們在讀取別人心思的時候，也可以使自己練就一雙鷹眼，準確地分辨出獵物——目標對象的性格。這是讀心過程中必不可少的一個關鍵步驟，缺少了這個步驟，你就不能準確地抓住獵物；缺少了這一步驟，在話題開始的時候，你會表現得不知所措、不知如何開口。

所以，在交談前、交談的過程中，甚至是口角衝突時，都要仔細觀察別人，推測出他們的性格，這也是能促使形式順利的必要條件。

有著敏銳眼光的人，能更靈活地運用這種方法，使自己在人際交往中游刃有餘，他們從對方的穿著、說話的語氣、喜歡說的話……等細節進行觀察，有時還會觀察他們身邊的朋友。

想要快速得出對方的喜好，也可以先看看他身邊的朋友都是什麼樣的性格，有著什麼樣的喜好，他的朋友為人處世為何，他又是如何對待朋友的等等，知道了這些，對方的性格你就能猜出個八九不離十了。

而準確、快速地讀懂對方的鷹眼能力並不是天生的，也不是一時半刻就能練成的，想要讓自己在與人的相處之中更輕鬆，就得注意平時的「練習」。

在與人來往時，要保持注意力集中；其次要眼觀六路、耳聽八方；最後還要結合實際情況做出相符的反應，做到了這些，你就能練就一雙像老鷹一樣敏銳的眼睛。下方跟大家分析一下起爭執時的表現。

1 口角時，怒摔東西的人

與人發生口角衝突時，習慣怒摔東西宣洩情緒的人，乍看之下似乎容易動怒，而且帶有暴力傾向，但實際上，這類型的人很可能對暴怒、暴力深感厭惡，因此怒摔東西的舉止，經常是為了想從中獲得自信，以及維繫自身的自尊。

換言之，他們希望藉由激烈的言行舉止威嚇他人，繼而在爭執過程中取得勝利，不過這樣的思考方式卻常讓事情的發展適得其反。

2 口角時，態度輕鬆的人

大多數的人面對口角衝突時，都會情緒激動，較難維持平心靜氣的態度，但也有些人無視於他人的口氣不佳或用語失當，彷彿當下並沒有任何令人不快的事情發生。這類型的人通常認為時間可以解決許多問題，並覺得自己能從容應對，哪怕他們實際能處理的能力有限，從某方面來說，他們面對衝突的反應顯得較為灑脫，頗有「船到橋頭自然直」的心態。

③ 口角時，用激烈言語反擊的人

有些人與他人發生口角衝突時，當下會表現得像名「鬥士」，不僅在態度上絕不示弱，也會口無遮攔地拼命數落對方的不是。

這類型的人多半好勝心強、容易動怒，一旦與人有所爭執，就會產生爭勝求贏的心理，這也導致他們較容易採取激烈的言詞攻擊對方，完全不顧慮可能的後果。

甚至在盛怒之下，他們還會以言詞攻擊對方的家人與親友，導致原本討論的主題徹底失焦。可以想見，這類型的人常因嘴快好辯的行徑而激怒他人，在人際關係的經營上也較容易受到挫折。

④ 口角時，用肢體暴力回擊的人

面臨口角衝突時，會以肢體暴力攻擊他人的人，多半生性衝動、情緒管理能力差，只要事情的發展未如己意，就會產生挫敗、憤怒、不滿等負面情緒，並且習慣將自身的失敗或過錯歸咎於他人，所以當他們對他人暴力相向時，也不認為自己有錯，反而會責怪對方是刻意挑釁。

⑤ 口角時，保持沉默的人

面對口角衝突習慣採取冷處理的人，即使內心怒火熊熊燃燒，也會表現得雲淡風輕，甚至是故作開朗，這類型的人多半不喜歡與人爭鋒相對，也不樂見爭吵叫罵的事情發生，因此面對口角衝突時，他們寧可保持沉默，任由對方兀自發言，甚少與之爭辯。

對他們而言，任何會破壞和諧感或讓衝突加劇的人事物，只會讓人感到更不舒服，但這種「不願惹事生非」的思考模式，也造成他們對人際關係抱持著悲觀消極的態度。

6 口角時，保持理性的人

面對口角衝突時，有些人會發揮高度的情緒控管能力，以理性的態度力求與對方溝通，這類型的人通常善於調整自身情緒，並且偏好「以理服人」的溝通模式，因此對於情緒化的意氣之爭，經常會採取和平冷靜的處理方式。

更進一步來說，他們認為口角衝突、意見相左的言論爭執，不過是雙方溝通過程中的部分環節，但情緒化的表達方式不僅容易讓主題失焦，也會造成雙方交流的阻礙，因此就算雙方的觀點迥異、立場不同，甚至已經出現了激動言論，他們仍然會致力於理性思考，試圖從中說服對方或化解歧見。

雖然我們能從上述的讀心模式來看出他人的潛藏個性，但這只是個防禦作法，簡單來說，人際溝通必然有異中求同的交流過程，在生活上猛烈的言詞往返與口角衝突也在所難免，重要的是我們該如何化解衝突，並了解他人的不滿成因，一旦掌握了他人處理衝突的行為模式，往往就能找到更為妥切的應對之道，有效避免無謂的爭端。

8 沒有永遠的敵人和朋友

現今在生活節奏快速，競爭也越來越激烈，一不小心就可能喪失往上爬的機會、賺取財富的機會，或是鬥個你死我活。因此，有很多人會把身邊的對手視為眼中釘、肉中刺，欲除之而後快，他們總抱著只要身邊沒有競爭對手，那所有的機會就都是自己的心態。

但真正聰明的人從來不懼怕競爭對手，反而從競爭對手那裡找到進步的動力，因為他們知道沒有競爭對手對自己沒有什麼好處，甚至還會讓自己失去力爭上游的動力。

對手也能是朋友

其實，懂得與對手和諧相處的人，才是擁有大智慧的人。因為在與對手相處的過程中，你會看到對手的弱點，以警醒自己；你還可以看到對手的優點，以完善自己。因此，我們甚至可以這樣說，對手也可以是朋友。

當春天來臨、冰雪消融的時候，在海裡休眠的沙丁魚紛紛甦醒，開始向近海岸洄游繁衍下一代，但等待牠們的不只有美麗的景色，還有那些捕捉牠們的海豚。

由於海豚每隔一段時間就必須浮出海面呼吸，因此牠們在淺水海域的進攻最有效，可一旦沙丁魚進入深海，海豚便無計可施了。幾十個回合下來，海豚還是沒能打敗這些靈敏機智的沙丁魚，準備要放棄了。然而在這個時候，海豚的大敵鯊魚出現了，牠們朝著海豚游過來，但鯊魚看到被海豚控制的沙丁魚群時，立刻改變了目標，開始向沙丁魚下方游去，沙丁魚腹背受敵，成為海豚和鯊魚的大餐。

很多人絞盡腦汁除掉競爭對手，卻從來沒想過如何與之共處。其實，與其想盡辦法把對手踩到土裡，不如與之和諧相處。

一間公司徵才，有三名應徵者進入最後一輪面試，最後的面試題目只有一個:「你們三個人一同去沙漠探險，不幸在返途的時候車子拋錨了，可是還有很遠的路程才能走出沙漠。現在有 7 種東西可供你們選擇，分別是鏡子、刀、帳篷、水、指南針、火柴、繩子，但使用上有些限制，每人只能選擇 4 種，且水只有一瓶，帳篷也只能睡 2 個人。面試官要應徵者將答案寫在紙上。

A 想防人之心不可無，必須帶把刀，因為只有一瓶水，帳篷也只能睡 2 人，如果到時候為了爭奪水和帳篷，必須自保才行。且水和帳篷是不可或缺的，火柴也很重要，最後 A 選擇了刀、帳篷、水、火柴。

B 想到他們是 3 個人，在沙漠裡應該不會有生命危險，所以刀就沒有必要了，帳篷雖然只能睡 2 人，但他們可以輪流站崗；水雖然只有一瓶，但節省一點還是可以共享；火柴必不可少；如果風沙太大，繩子可以將大夥綁住，以免在沙塵暴中走失，深思熟慮後寫下帳篷、水、繩子、火柴。C 的想法和 B 不謀而合。

最後，面試觀看完答案後，與他們分別對談，想更進一步了解各自的想法，最後 B 和 C 通過面試，順利成為公司員工。

一個人能不斷取得進步，與對手有著密切的關係。因為只有不斷超越對手，你才能獲得最終的勝利，人與人之間需要競爭，但也需要和諧的關係，只有在和諧氛圍下的競爭，才能互相推動、不斷發展。

懂得為競爭對手考慮，就能建立一個公平競爭的良好氛圍，因為我們的競爭不是體現在誰表面的氣焰高漲，而是體現在貨真價實的實力之上。

要有能為對手喝采的氣度

我們和競爭對手之間往往存在著非常微妙的關係，由於情況不斷變化，有時對手的關係大於朋友，有時朋友的關係大於對手。如果我們一味把對手視為死對頭，當有共同利益時，對方也不會考慮與我們合作，可能讓自己產生更大的損失。

如果我們靠自己成功了，一定是歡欣雀躍，但如果是對手成功了，你會有什麼反應呢？不屑、妒忌還是質疑？其實如果面對對手的成功，你能由衷地說一句恭喜，將是一件非常了不起的事。

有人可能覺得為對手的成功喝采會加深自己的失落情緒，其實並非如此，在對手成功時，你的喝采是最好的禮物，1992 年美國共和黨總統布希和民主黨候選人柯林頓以及獨立黨候選人佩羅一同競選美國總統。

在戰況激烈的投票之後，柯林頓以接近半數的公選票和 370 張選舉人票當選為美國第 42 任總統。柯林頓當選總統後出席一場支持者舉辦的聚會。在聚會上，身在異地的布希透過電話祝賀柯林頓當選總統，並表示自己會和白宮各級人士共同努力，全力以赴做好交接工作。

為對手喝采，不是示弱的表現，反而能表現出自己的氣度。為對手喝采，即是一種鼓勵，也是一種自信，更是一種風度。所以我們要不吝惜為對手喝采，如此既能贏得對手的尊重，也能為自己贏來更多合作。

☑ 換個角度看，事情更美好

人的一生都在競爭，學習時與同學競爭，工作時與同事競爭，戀愛時與情敵競爭……那在面對競爭對手的時候，我們應該怎麼做呢？橫眉冷對還是冷嘲熱諷？其實都沒有必要，因為換個角度看，對手也是另一種朋友，他能激勵我們不斷朝更高的目標奮鬥。

☑ 面對對手，露出你的友善微笑

很多人在看到對手時如臨大敵，神經緊繃，甚至周圍的人都能感受到其劍拔弩張的緊張氣氛，其實大可不必。在面對對手的時候如果你也能夠報以友好的微笑，不僅讓周圍的人感受到你大度的胸懷，還會讓對手欽佩你的豁達。

反言之，你越是緊張，人們越是會覺得你畏懼對手，甚至連對手都輕視你。

☑ 友好有分寸，競爭不放手

與對手保持友好的關係是必要的，但你一定要繃緊一條線，因為他還是你的敵手，可能你上一秒還在跟他談笑風生， 下一秒就是針鋒相對的時候。因此，如何藉由攻心來贏得真正的勝利，才是你最應該關心的問題。

公眾演說 A+ to A++
國際級講師培訓

錯過區塊鏈，將錯過一個時代！馬雲說：**「區塊鏈對未來影響超乎想像。」**錯過區塊鏈就好比 20 年前錯過網路！想了解什麼是區塊鏈嗎？想抓住區塊鏈創富趨勢嗎？

區塊鏈目前對於各方的人才需求是非常的緊缺，其中包括區塊鏈架構師、區塊鏈應用技術、數字資產產品經理、數字資產投資諮詢顧問等，都是目前區塊鏈市場非常短缺的專業人員。

魔法講盟 特別對接大陸高層和東盟區塊鏈經濟研究院的院長來台授課，**魔法講盟**是唯一在台灣上課就可以取得大陸官方認證的機構，課程結束後您會取得大陸工信部、國際區塊鏈認證單位以及魔法講盟國際授課證照，取得證照後就可以至中國大陸及亞洲各地授課 & 接案，並可大幅增強自己的競爭力與大半徑的人脈圈！

由國際級專家教練主持，
即學・即賺・即領證！
一同賺進區塊鏈新紀元！

課程地點：采舍國際出版集團總部三樓
魔法教室
新北市中和區中山路 2 段 366 巷 10 號 3 樓
（中和華中橋 CostCo 對面）中和站 or 橋和站

查詢開課日期及詳細授課資訊・報名
請掃左方 QR Code，或上新絲路官網 新・絲・路・網・路・書・店 silkbook.com www.silkbook.com 查詢。

國家圖書館出版品預行編目資料

精準讀心：一眼識破の行為暗示心理學 / 王晴天著. -- 初版. -- 新北市：創見文化, 2021.01 面； 公分. -- （成功良品；113）

ISBN 978-986-271-893-3(平裝)

1.行為心理學 2.讀心術

176.8 109017422

成功良品113

精準讀心

出版者／創見文化
作者／王晴天
總編輯／歐綾纖
總顧問／王寶玲
文字編輯／牛菁
美術設計／Mary

本書採減碳印製流程並使用優質中性紙（Acid & Alkali Free）最符環保需求。

台灣出版中心／新北市中和區中山路2段366巷10號10樓
電話／（02）2248-7896
傳真／（02）2248-7758
ISBN／978-986-271-893-3
出版年度／2021年1月

全球華文市場總代理／采舍國際
地址／新北市中和區中山路2段366巷10號3樓
電話／（02）8245-8786
傳真／（02）8245-8718

全系列書系特約展示
新絲路網路書店
地址／新北市中和區中山路2段366巷10號10樓
電話／（02）8245-9896
網址／www.silkbook.com

本書於兩岸之行銷（營銷）活動悉由采舍國際公司圖書行銷部規畫執行。